経営12カ条

经营十二条

[日]
稻盛和夫
著

曹岫云 曹寓刚
译

浙江人民出版社

浙江省版权局
著作权合同登记章
图字:11-2025-009号

图书在版编目（CIP）数据

经营十二条 /（日）稻盛和夫著 ; 曹岫云, 曹寓刚译. -- 杭州 : 浙江人民出版社, 2025. 4. -- ISBN 978-7-213-11884-5

Ⅰ. F279. 313. 3

中国国家版本馆CIP数据核字第2025QQ8038号

经营十二条

JINGYING SHIER TIAO

［日］稻盛和夫　著　曹岫云　曹寓刚　译

出版发行：浙江人民出版社（杭州市环城北路 177 号　邮编　310006）
市场部电话：（0571）85061682　85176516
责任编辑：尚　婧　陈世明　　策划编辑：陈世明
营销编辑：陈雯怡　　责任校对：何培玉
责任印务：幸天骄　　封面设计：李　一
电脑制版：北京之江文化传媒有限公司
印　　刷：杭州丰源印刷有限公司
开　　本：880 毫米 ×1230 毫米　1/64　　印　　张：4.5
字　　数：108 千字　　插　　页：4
版　　次：2025 年 4 月第 1 版　　印　　次：2025 年 4 月第 1 次印刷
书　　号：ISBN 978-7-213-11884-5
定　　价：68.00 元

目录

02 第二条 设定具体的目标

——所设目标随时与员工共有

03 第三条 胸中怀有强烈的愿望

——要怀有渗透至潜意识的强烈而持久的愿望

04 第四条 付出不亚于任何人的努力

——一步一步、扎扎实实、坚持不懈地做好具体的工作

05 第五条 销售最大化、费用最小化

——利润无须强求，量入为出，利润随之而来

06 第六条 定价即经营

——定价是领导者的职责。价格应定在客户乐意接受、公司又赢利的交会点上

07 第七条 经营取决于坚强的意志

——经营需要洞穿岩石般的坚强意志

08 第八条 燃烧的斗魂

——经营需要激烈的斗争心，其程度不亚于任何格斗

09 第九条 临事有勇

——不能有卑怯的举止

10 第十条 不断从事创造性的工作

——明天胜过今天，后天胜过明天，不断改良改善，精益求精

11 第十一条 以关怀之心，诚实处事

——买卖是双方的，生意各方都得利，皆大欢喜

12 第十二条 保持乐观向前的态度，抱着梦想和希望，以坦诚之心处世

序一
经营教科书——经营十二条的意义

经营有规律

海量的信息，激烈的竞争，日新月异的技术，瞬息万变的环境，不期而遇的灾难，不确定性，不透明性，变幻莫测，混沌迷乱——佛教称之为“诸行无常，波澜万丈”。

而企业就在这万丈波澜中沉浮起伏。

企业经营复杂纷繁，现象层面上确实如此。然而，稻盛和夫认为，只要抓住驱动现象的原理原则，企业经营其实很简单。

稻盛说：“几十年来，我全身心投入了京瓷和KDDI的经营，在这个过程中，我懂得了世上存在着使事业获得成功的必需的、普遍性的原理原则，这些原理原则超越了时代和环境的差异。”

这里所谓的“普遍性的原理原则”，就是经营十二条。换言之，经营十二条就是正确经营企业的规律。

稻盛先生进入破产重建的日航（日本航空），给日航高管上了五次课，其中四次讲的就是经营十二条。日航的高管、员工努力理解经营十二条，把这十二条变成自己的东西。在此基础之上，大家团结一致，付出“不亚于任何人的努力”。结果，被认为病入膏肓、无可救药的日航发生了戏剧性的变化，仅仅一年，就成了全世界最优秀的航空企业，业绩在行业内遥遥领先。

但有人说，日航奇迹般的成功，是因为有了稻盛和夫这个人。

巴西有一位日裔经营者，1955年13岁时，他跟随父母兄长去巴西腹地开荒种地。他经营的农园一直不景气。后来，他听说圣保罗建立了盛和塾，便乘公交车赶去参加学习，单程就要花18个小时。接触到经营十二条，他如获至宝，拼命实践，居然很快变成了“巴西香蕉大王”。

稻盛说：“经营的成败取决于经营者的行动。如果认真学习、果断落实经营十二条，经营者就会变。经营者变，公司的高管就跟着变，公司的员工再跟着变。这样，只要一年，你的公司就会变成一个高收益、快增长、了不起的优秀企业。”

在盛和塾里，这样的企业不胜枚举。

经营十二条就是拿来就能用、用了就见效、指导实践的经营教科书。就触及经营的本质而言，它胜于任何现存的商业教科书。

判断有基准

稻盛说：“这个经营十二条，立足在‘作为人，何谓正确’这一最基本的、具备普遍性的判断基准之上。”

判断一切事物都有一个简单的基准，这个基准不是利害得失，而是“作为人，何谓正确”。22年前，我第一次见到稻盛，他这句话如雷贯耳，深深地震撼了我的灵魂，让我茅塞顿开。从此，在生活和工作中，包括在传播稻盛哲学中碰到各种问题时，我都努力实践这一条。我把自己的人生划分成“稻盛之前”和“稻盛之后”两个阶段，也就是迷惑和清醒两个阶段。

人如果缺乏判断基准，就会不自觉地依靠本能判断事物，这就难免做出错误的判断，导致挫折和失败。而一旦在心中确立了正确判断事物所需要的基准，就能临事不乱、应变无穷，就会产生真正的自信。这才是人生最大的幸福。

愿望能实现

稻盛说：“经营十二条所有的条文，都渗透着‘愿望定能实现’这一思想。”这里的愿望，指的是“渗透到潜意识的强烈而持久的愿望”。

1990年，京瓷并购了拥有一万多人的美国电容器大企业AVX公司。为了说服AVX公司的美国高管们接受京瓷哲学，稻盛赶去美国，举办学习会，亲自给高管们授课，与他们对话，结果美国的高管们接受并实践了京瓷哲学，AVX公司的业绩因此大幅上涨。

当时，稻盛讲课的内容，在美国成书出版，书名是*A Passion for Success*，它的日文版是《成功への情熱》，它最早的中文译本书名是《走向成功的热情》（现《斗魂》）。

该书的经营哲学部分，正好与英文Passion（热情）这个词的七个字母相对应：

Profit（利润）

Ambition（愿望）

Sincerity（诚实）

Strength（勇气）

Innovation（创新）

Optimism（乐观）

Never Give Up（持续努力，永不放弃）

据说，当时京瓷的美国总经理把它称为“经营七条”。稻盛认可了这个说法，从1990年11月中旬起，稻盛开始在日本盛和塾讲解经营七条，而其中第一条就是：“胸怀强烈的愿望。”

境由心造；人生是心灵的投射；心想事成是宇宙的法则。这些都是稻盛终身不渝的信念。

稻盛提出的“以渗透到潜意识的强烈而持久的愿望和热情，去实现你自己设立的目标”，曾经是京瓷公司的年度口号。

后来，稻盛又在“强烈的愿望”中，加入了“纯粹”两个字。正因为全体员工拥有纯粹而强烈的愿望，并为实现愿望持续付出不亚于任何人的努力，进行不间断的改革创新，远大的目标以及人们以为无法实现的愿望，才会一个接一个地呈现在人们的眼前。

事业需大义

本书有34项问答。在回答“为什么大义名分必不可缺？”时，稻盛一口气说了13次大义名分。

经我查找，2000年，在中国新疆，稻盛第一次系统地讲解了经营十二条。

经营十二条中的第一条是：明确事业的目的和意义——树立光明正大的、具备大义名分的、崇高的事业目的。

在说服11名高中学历员工留任时，经过三天三夜的煎熬，稻盛毅然放弃了自己“技术问世”的创业初衷，确立了公司的事业目的：

> 在追求全体从业人员物质和精神两方面幸福的同时，为人类社会的进步发展做出贡献。

这个事业目的中的大义名分，有三层含义。

第一，追求的是包括经营者在内的全体从业人员的幸福，一个也不漏，不是少数人的幸福，更不是经营者个人的幸福。

第二，追求的是物质和精神两方面的幸福，而不只是物质上的满足。因为只有在奋斗中体会工作的价值和人生的意义，人的精神才能成长，人才能感受到真正的幸福。

第三，追求的是“为人类社会的进步发展做出贡献”。这就超越了“国家”这个层次，直接进入了“人类命运共同体”这一崇高的境界。

这是在62年之前，时年29岁的稻盛和夫确立的事业目的（又称经营理念）。

稻盛认定，公司后来的一切发展，都不过是贯彻这一正确经营理念的必然结果。

客户第一、股东第一、国家利益第一、个人抱负第一等说法，都有各自的道理。但稻盛主张员工第一。因为如果全体员工由衷认同企业的理念，从而殚精竭虑、团结一致、拼命努力，就能满足客户需求，给股东高回报，给国家多缴税，同时也能实现创业者个人的抱负。这个道理非常简单，但这个关系不能前后颠倒。

纵观历史，环顾全球，除了盛和塾的企业之外，至今全世界居然没有一家企业，包括赫赫有名的大企业在内，愿意或敢于提出与稻盛同样的企业目的。这是为什么？

稻盛经营的企业，包括京瓷、KDDI和日航，约有13万名员工，已经在相当高的水平上实现了全体从业人员物质和精神两方面的幸福。这是千百年来全世界的先贤们梦寐以求而从未实现的大同世界的雏形。

把“全体从业人员”改为“全体国民”，在追求全体国民物质和精神两方面幸福的同时，为人类社会的进步发展做出贡献。如果这成了世界各国的国家理念，那么，人类命运共同体——物质生活和精神理念的共同体——就能够实现。

这就是拯救人类的哲学。若朝着相反的方向，各国依然一味强调自身的利益，并为此争斗不休，人类将没有未来。

就是这一念之差。既然稻盛做出了榜样，在他领导的范围内圆满地实现了他的理想，为什么我们就不行呢？

曹岫云

2023 年春节

序二
企业经营的十二条公理

在自然科学的领域，存在着“公理”这一概念。公理是指依据人类理性中不证自明的基本事实，经过人类长期反复实践的考验，不需要再加证明的基本命题。公理在自然科学的发展中起到了奠基性的作用。

古希腊数学家欧几里得在其著作《几何原本》中，用五条公理和五条公设（现在统称为公理），推导出48项定理、476项命题，构建了整个平面几何的庞大精密的理论体系，后人几乎再加不进去任何一条定理，影响了包括笛卡儿、斯宾诺莎、罗素、牛顿、爱因斯坦等无数哲学和科学巨匠，为人类科学的发展奠定了重要基础。中国明代大学者徐光启对《几何原本》的评价是，“似至晦，实至明；似至繁，实至简；似至难，实至易”“故举世无一人不当学”。牛顿对《几何原本》的评价是，“从那么少的原理中就推出很多，这是几何学的荣耀”。

整个平面几何如此庞大精密的理论体系，居然起始于十条人人都懂的公理，可见公理之重要。可以说，没有欧几里得提出的公理系统，对人类历史有决定性影响的平面几何理论体系就根本无从建立。同时，只要掌握了这十条公理，并对平面几何加以适度学习，那么几乎人人都能运用平面几何这个工具，解开一些以往看似根本就无从解决的相关难题。

当今世界，企业已经成为人类商业活动的主体，影响着人类生活的方方面面。企业的兴衰沉浮，不仅影响着无数人的悲欢离合，而且影响着各个国家和整个世界的情势，甚至可以说，企业的存在方式在相当程度上影响着人类的现在和未来。然而，现实中的企业经营呈现出各种问题，可以说大部分企业的经营状态难言理想，每天都有企业凋零和倒闭，影响无数人的生活乃至国家、社会的发展。

稻盛先生曾说：“在我看来，企业经营其实是一件很简单的事。”那么，在企业经营领域，有没有类似自然科学领域的公理存在呢？如果有的话，依据这样的公理体系，是否可以构建一个像平面几何体系那样缜密高效、作用巨大的经营管理体系呢？是否可以让普通的企业经营者也能像稻盛先生那样，从容不迫、挥洒自如地经营企业呢？

笔者认为，在企业经营领域，经营十二条正是这样的公理。稻盛先生在本书的前言中写道，“只要将目光投向事物的本质，那么经营其实是很单纯的，只要能领会经营的原理原则，我想，大家都可以执掌好经营之舵”，“只要遵循这十二条经营的原理原则，公司也好，事业也好，一定能顺利发展”。

就像十条公理奠定了平面几何的理论基础，这看似极其简单，似乎是理所当然的十二条指针，其实是企业经营的根本所在，是人人可以理解、人人可以做到的经营的公理。

总览这十二条内容，一方面体现出了相信人人都有良知、追求集体幸福、高度肯定劳动的东方传统价值观，另一方面包容了传统西方管理学中强调的目标管理、计划管理、科学定价等内容，同时又强烈突显了将工作和企业经营视作个人修行的特点。可以说，经营十二条同时呈现了东西方文化的特点。

其中，最能体现其东方文化价值取向的，莫过于第一条——明确事业的目的和意义。

不管是东方还是西方，可以说很多企业将企业的使命视为一件大事。然而，对于稻盛先生所经手的三家企业，其经营理念（企业使命）呈现出与以往企业完全不同的一面，就是将“追求全体从业人员物质和精神两方面的幸福”放在了第一位。这其实是一件长期被忽略的但又理所应当的事情。一个组织要获得长远的发展，必定首先要为组织成员谋福利，一个不为其成员谋福利的组织，不可能获得长远的健康发展。这是如同“两点之间可以画一条直线”一般显而易见的道理。但自现代企业诞生以来，在稻盛先生之前，几乎没有一家企业提出过这样的企业使命。稻盛先生在本书中写道：“所以，企业经营并不是剥削员工，不是让他们在恶劣的劳动环境中工作，也不是只要经营者赚钱就行。毋宁说，为了让员工高兴满意，经营者拼命努力，这才叫经营。我认为，这种思维方式颠覆了迄今为止资本主义的一般社会理念。”

从这个意义上说，通过经营十二条的第一条，稻盛先生重新定义了“企业经营”这一概念。

同时，在这十二条中的第二条、第五条、第六条和第十条里，我们可以观察到明显的科学方法论的特点，这不仅承袭了定性定量的科学手法，而且强调了创新的重要性，并明确给出了思路。经营十二条的其余各条不仅是东西方都普遍认同的内容，而且稻盛先生对其赋予了修行的意义，主张通过经营提高心性、磨炼灵魂。这完全符合其一贯倡导的“工作就是修行”的主张，与现代企业简单将经营视作获利手段的思路截然不同。

现代企业起源于西方。从诞生的那一刻起，这种组织形式就带有西方文化的强烈印记。从传统西方管理学的治理理论和实际操作中，我们可以看到西方人性本恶、个人主义以及某种程度上否定劳动的基础价值观在其间若隐若现。基于这些基础价值观，西方其实也诞生了某些可以被称为“公理”的企业管理的公认原则，在这些原则的基础上，传统的西方管理学不断成长发展，诞生了大量专业领域的大师级人物，建立了包括科学管理、股权制度、质量管理、战略管理、目标管理、市场营销、现代决策理论等一系列极具建设性的理论体系和方法论体系。西方企业也因此得到极大发展，为西方国家带来了巨大的力量。

然而，就如同爱因斯坦用“相对论”理论颠覆了牛顿的经典力学那样，在某个时空范围内看来似乎是绝对正确的理论，在更大的时空范围内，在更高的维度上，就可能会显示出巨大的不足，甚至被完全颠覆。而产生这种局面的原因之一，就是对所谓“公理”的认知和理解不同。

牛顿认为时空是绝对的，所以他撰写了《自然哲学的数学原理》，缔造了工业时代；爱因斯坦则认为，时空是相对的，所以他提出了“相对论”，缔造了核能时代和电子时代。

同样，相对于传统的西方管理学，稻盛先生在更高的维度上提出了“利他经营学”，两者基于完全不同的世界观和人性观，所以两者的“公理系统”也有很大区别，基于这两种不同公理体系所构建的方法论体系以及其所塑造的现实结果也就大不相同。

如同欧几里得凭借十条公理构建了整个平面几何体系那样，稻盛先生凭借这看似理所当然、简单直白的十二条公理，创造性地构建了逻辑缜密、简单高效却又极具人性关怀的阿米巴经营体系。稻盛先生不仅亲手缔造了京瓷和KDDI这两家全球知名的优秀企业，更是在年近八旬的高龄，创造了现代经济史上极为罕见的日航重建的奇迹。同时，他的思想又通过盛和塾等组织影响到了无数企业，使很多经营者认识到了经营的这十二条公理，使他们改变了原有的管理方式，从而使自己的企业成为持续高收益的幸福企业。这就是思想的力量，而这个思想体系在企业经营层面的具体表达，实际上就基于这十二条公理。

稻盛先生说："这个经营十二条，立足在'作为人，何谓正确'这一最基本的、具备普遍性的判断基准之上，所以我认为，它不仅超越行业，超越企业规模的差异，而且超越国境、超越文化、超越语言差别，普遍适用。"对于东方传统文化根基深厚的中国社会来说，稻盛先生的经营十二条不仅符合国人的主流价值观，同时又为国人创造性地指出了实现这种价值观的科学化的方向。通过经营十二条，我们可以洞悉企业经营的本质。这会使得企业经营的风险和难度大大降低，效率和水准大为提升。

感谢浙江人民出版社对本书价值的高度认同，感谢各位盛和塾同人对经营十二条的不懈实践。感谢稻盛塾长创造性地提出了经营十二条，这是划时代的卓越见解，是企业经营全新的公理体系。我相信，不管是谁，只要认真理解、彻底贯彻这十二条公理，就都能在工作和事业的经营中获得持续成功。至此，本书翻译付梓之际，衷心祝愿广大读者都能从本书中获得启示，并将其应用于自己的事业经营，从而取得优异的经营成果。

曹寓刚

2023 年 2 月 18 日

于上海

前言

世间的现象看似复杂纷繁，但只要能够弄清楚驱动这些现象背后的原理原则，那么，实际上一切都是单纯明快的。根据这一观点，“怎么做才能把企业经营好”？企业经营背后的原理原则，就是这个“经营十二条”。经营十二条是我根据自己的切身经验所做的通俗易懂的总结。

一提到经营，许多复杂因素交叉叠加，人们常常望而生畏。但是，也许是因为理工科出身的缘故吧，我养成了一个回归事物的本质进行思考的习惯。

在实际的研究开发当中，我们需要具备把复杂现象简单化的能力。只要将目光投向事物的本质，那么经营其实是很单纯的，只要能领会经营的原理原则，我想，大家都可以执掌好经营之舵。

我创办的盛和塾（2019年末结束）会聚了许多

中小企业乃至中型骨干企业的年轻经营者。我向他们讲述我自己的经营思想和经营方法。从与他们交流的经验中，我感觉到，大多数经营者不明白企业经营的原理原则是什么。

盛和塾的许多塾生是二代经营者，他们继承了家业，拼命努力。他们中的许多人一般是先在别的企业工作，因为某种原因，需要接前一代的班，于是把父辈从事的事业原封不动地继承下来。如果问他们“为了发展这项事业，你准备做哪方面的努力”，他们往往给不出理想的答案。怎样才能把企业经营好？怎么做才能让公司成长发展？他们并不理解这些企业经营的根本。

在大企业的高管中，有些人也一样。他们或在技术开发部门，或在销售、人事等部门，在某一个部门长期工作，这样的人被提拔成了企业领导人，因此他们缺乏观察公司整体的视角。“这个公司今后应该怎么发展？”对于这样的问题，他们平时不曾思考。因此，多数人是萧规曹随，沿袭过去的做法。虽然他们当上了经营者，但是对于如何才能经营好企业这个基本的问题，既没人教过他们，他们自己当然也没有经验，这种情况非常普遍。

所谓企业经营究竟是什么？对于上述没有学习过的人来说，我希望他们在企业经营中，理解并实践的最重要的事项，就是这个经营十二条。只要遵循这十二条经营的原理原则，公司也好，事业也好，一定能顺利发展。

经营十二条由非常简短、非常通俗的语言构成。有人就会问："仅仅凭借这些简单的道理，真的就能经营好企业吗？"

这个经营十二条不仅在京瓷和KDDI的经营中，而且在日航的重建中，都发挥了巨大的力量。实际上，在为了重建日航所进行的意识改革中，我最初对经营高管们讲课的题目，就是这个"经营十二条"。也正因为日航的经营高管们理解了这个经营十二条，才抛弃了他们以前的官僚意识和作风，掌握了作为经营高管所需要的思想意识和思维方式。

与此同时，日航的业绩随之扶摇直上。

《论语》记录了孔子和他的弟子们的问答。以《论语》为代表，东亚凝练的语言当中蕴含着事物的真理，意味深长。这样的微言大义，跨越时代和国界，流传至今。《论语》就以简短的语言，贯穿着“仁义”这一普遍性的原理原则。

这个经营十二条，立足在“作为人，何谓正确”这一最基本的、具备普遍性的判断基准之上，所以我认为，它不仅超越行业，超越企业规模的差异，而且超越国境、超越文化、超越语言差别，普遍适用。

从京瓷、KDDI、日航等大企业，到原盛和塾的中小企业，所有行业、业态的众多实践，已经证明了经营十二条的有效性。这是经过实践检验证实的“经营的真谛”。希望大家务必相信它的巨大力量，予以深刻理解，加以认真实践。

稻盛和夫

2022 年 8 月

第一条

明确事业的目的和意义

——树立光明正大的、具备大义名分的、崇高的事业目的

01

大义名分调动人的积极性

为什么要兴办这项事业？或者说，这家企业存在的理由到底是什么？当然，大家有各种各样的情况。但是，首先，必须明确自己创办事业的目的和意义。

其中，有人为了赚钱，有人为了养家，这些并没错。但仅靠这样的目的，要凝聚众多员工齐心协力办企业，是不够的。

事业的目的和意义还是尽可能以高层次、高水准为好，换句话说，必须树立光明正大的经营目的。

要让全体员工拼命工作，可缺乏“大义名分”，事实上是行不通的。“自己是为了如此崇高的目的而工作的”，如果没有这样的“大义名分”，人很难从内心深处产生必须持续努力工作的欲望。

年轻员工的反叛

我在创办京瓷时，就遭遇了“事业目的究竟是什么”的重大考验。

当时的我还不知道正确的经营之道，所以对京瓷公司的定位是这样的：“这家企业是我借以活用自己的技术，开发陶瓷产品，以让世人评价的舞台。”

那时的日本世风，轻视技术，推崇学历乃至学阀，对人的实力并不予以恰当的评价。为此，我对自己初次就职的公司大失所望。因此，在新成立的公司里，不受任何人的约束，让自己的精密陶瓷技术得以问世，就自然成为经营的目的。

身为一名技术员，或者说研究者，有了自己的公司，终于可以将潜心钻研的技术成果不留遗憾地发扬光大，当初的喜悦心情难以言喻。

但想不到，正当我高兴之际，创业后第三年，竟然遭遇了年轻员工的反叛。

公司在设立第二年，招聘了十多名高中毕业生，他们经过一年多的磨炼，好不容易适应了工作。正在此时，他们突然手持联名状，集体向我交涉，其中写明未来每年最低工资增幅、最低奖金等，要求我对他们的待遇予以承诺并做出保证。

当初招聘面试时，我曾明言："公司究竟能成何事，我自己也不知道，但我必定会奋力拼搏，力争办成一个一流企业。你们愿意到这样的公司来试试吗？"他们是在明知这一点的前提下加入公司的，但仅过了一年，他们就来递交联名状，并威胁说："不保证将来的待遇，我们就集体辞职。"

新公司人手紧张，他们一进公司就被分配到现场的各个岗位，当时好不容易才具备了一些工作能力，如果离职，就会让公司很被动。但我下定决心："如果他们无论如何都固执己见的话，那也没办法，大不了公司从头再来。"于是，我明确答复他们，"不接受你们的条件"。

公司创办不足三年，我自己对公司的前途仍完全没有把握，“全身心投入，总会有所成就吧”，我对公司的未来描绘，只能停留在这种程度上。为了一时挽留他们，就做出缺乏自信的、违心的承诺，这是撒谎，我终究无法做到。

为员工的幸福竭尽全力——使命的确立

同他们的谈判在公司里没有结果，延续到了我自己家里。

我对他们这么说：“作为经营者，‘只要自己好就行’这样的想法我丝毫都没有。我想把公司办成你们从内心认可的好企业，这话是真是假，我还无法向你们证明，你们姑且怀抱‘就算上当也试试’的心态怎么样？我会拼上性命守护这家公司，守护大家，如果我对经营不尽责，或者我贪图私利，你们到时候把我杀了也行。”

熬了三天三夜，推心置腹，他们总算相信了我，撤回了所提的条件，留在了公司，而且加倍努力，埋首工作。

当时的这些“造反派”后来陆续都成了京瓷的高管，在京瓷的发展中独当一面。但就是这一事件，成为一个契机，让我意识到了企业经营的根本。

此前，我将创办企业的目的定位于“让自己的技术发扬光大”。同时，对公司前景的展望，也不过停留在“只要废寝忘食地干，饭总能吃饱”这种浅薄的思考之上。而且，我在七兄妹中排行第二，我当时认为，家乡的父母兄弟尚且照顾不及，对于非亲非故、进厂不久的员工，为什么连他们的将来我也要给予保证呢？

抱着这种想法的我，通过这一事件，从内心深处懂得了员工的要求，他们要求公司提供保证，保证包括他们家人在内长期的幸福。这时候我才开始意识到企业经营应有的真正目的。这目的既不是“圆技术者之梦”，更不是“肥经营者一己之私”，而是守护员工及其家人现在和将来的生活。

这次纠纷教育了我，让我明白了经营的真义：

“所谓经营，就是经营者必须为员工物质和精神两方面的幸福倾尽全力，必须超脱私心，让企业拥有大义名分。”

正是这种光明正大的事业目的和意义，最能激发员工内心的共鸣，获取他们对企业长时间、全方位的协助。同时，大义名分又给了经营者足够的底气，让他们可以堂堂正正、不受任何牵制、全身心地投入经营。

我从这一事件获得了觉醒和教训，于是就将“追求全体从业人员物质和精神两方面的幸福”放在京瓷经营理念的第一位。同时，企业作为社会的公器，必须承担相应的社会责任，所以还要加上“为人类社会的进步发展做出贡献”这一条，至此形成了京瓷的经营理念：

在追求全体从业人员物质和精神两方面幸福的同时，为人类社会的进步发展做出贡献。

现在想起来，其实在那个时候，京瓷这家企业的使命就得以确立了。企业在创建不久，就明确了事业的目的和意义，明确了公司的经营理念，这真是幸事。我坚信，尔后京瓷的一切发展，都不过是贯彻这一正确经营理念的必然结果。

参与通信事业的使命
——大义名分具备巨大的力量

第二电电（现并入KDDI）的成功也是一样的。正因为具备了使命和大义名分，第二电电才能够成功进入通信领域，并且在公认最为不利的竞争条件下，全体员工怀抱强烈的愿望，顽强奋斗，将事业发展到今天这个规模。

20世纪80年代中期，通信事业开始自由化，我期待“那些能够与NTT（日本电信电话）对抗的日本大企业可以设立新公司，展开竞争，由此降低通信费用”。但是，因为惧怕NTT这个庞然大物，没有一家企业敢于发起挑战。

这样下去，NTT的垄断局面还将持续。或者，即使在形式上有竞争企业出现，但在信息化社会到来的时候，日本仍会因为通信费用太高而落后于时代。对此，我十分担忧。

带着这种危机感，风险企业京瓷举手报名，主动向NTT发起了挑战。第二电电就是为了“降低国民的通信费用”这一纯粹的动机而诞生的企业，也就是为了大义名分而创建的企业。

创立第二电电的时候，我召集全体员工，对大家说了这样一番话：

> 为了降低国民的通信费用，让我们共同努力吧。能参与如此崇高的事业，一定会让诸位的人生变得更有意义。这是百年不遇的良机，有幸亲身参与这么宏大的社会变革，我们要由衷地表示感谢。我们要克服一切困难，务必实现这个宏伟的计

划。这是一个为社会、为国民的壮举。

但继我们之后，日本国有铁路（简称“国铁”，现JR），以及日本道路公团和丰田汽车也举手参与。

国铁认为，自己拥有铁道通信技术和通信方面的技术专家。在东京、名古屋、大阪之间铺设通信干线时，只要在新干线的侧沟嵌置光缆就行。而且，国铁有许多业务伙伴，获取顾客非常简单。与以京瓷为主体的第二电电相比，国铁在所有方面都更为有利。于是，国铁设立了日本电信公司（Japan Telecom）。

同时，以日本道路公团和丰田汽车为主体设立的日本高速通信，因为有旧建设省为后盾，所以也能沿东名阪高速公路铺设光缆，很容易完成基础设施的建设。丰田汽车还具备强有力的销售能力。

但我认为，这两家公司参与通信事业并非出自大义名分，不过是基于得失算计而已。

包括第二电电在内的三家公司在市场上展开了激战，但是在业务起步后不久，被认为条件最差的第二电电获得了压倒性的优势。这完全是因为第二电电的全体员工背负着大义名分，带着使命感，怀着满腔的热情，竭尽全力获取线路订单。同时，看到第二电电的员工们努力奋斗的姿态，代理店和客户也给予了全面的支持。

结果，三家公司之间出现了巨大的差距。国铁出售了日本电信公司，日本道路公团和丰田汽车设立的日本高速通信现在也被KDDI合并了。

有技术、有资金、有信用、有销售能力，各种条件一应俱全的两家公司发展不顺，而唯独以降低通信费用和让国民欢喜为大义名分的第二电电成功了。时至今日，KDDI依然在成长发展。确立大义名分，也就是使命，这会转变成强大的力量——我想KDDI的成功就是一个有力的证明。

日航的重建——昭示使命，改变员工的意识

日航的重建也是一样的。我首先做的，就是确

立企业的使命。为了改变日航高管、员工的意识，为了让全体员工全身心地投入公司的重建，我不仅要明确日航重建本身的意义和大义名分，还要指明新生日航的目的，即所谓的企业使命。我为此付出了努力。

我答应接受重建任务是基于以下三个理由。

第一，对日本经济的影响。日航不仅是日本有代表性的企业之一，而且象征着持续衰退的日本经济。我担心，如果日航重建失败导致二次破产，这不仅会对日本经济造成更严重的消极影响，而且会让国民因此失去自信。如果重建成功，这就能够使国民重拾自信：那么艰难的日航都重建成功了，日本经济也一定可以重生。

第二，无论如何都要救助日航的留任员工。很遗憾，为了重建成功，我不得不辞退一部分员工。但是，如果日航二次破产的话，损害就不再限于他们了，而是所有的员工都会失去工作。无论如何我都要保住留任的32000名员工的工作。从这样的所谓“利他之心”出发，我决心一定要让重建工作获得成功。

第三，为了乘客，即国民。如果日航二次破产，日本的大型航空公司将只剩一家，竞争原理将失去作用。如果缺乏正当的竞争，那就会出现运费涨价、服务恶化的可能性，遭受损害的将是国民。多家航空公司如果相互切磋琢磨，就能为国民提供质优价廉的服务。为此，不管怎样，日航的存在都是必要的。

让全体员工怀着自豪、背负大义努力工作

日航的重建具有上述三项意义，也就是三项大义。正因为有了这样的大义，我才决定挑起重建日航的重担。

首先，我努力让日航的全体员工理解日航重建的三点意义，让他们理解重建日航所包含的大义。员工们知道了日航的重建不仅仅是为了他们自己，也是为了日本经济，为了日本国民。因为有这样的大义名分，他们才会不惜一切努力，投身于日航的重建。

我努力让全体员工都认识到“重建日航”这一行为本身所具有的社会意义。在此基础之上，我又明确了公司本身的存在意义，即“日航这家公司为什么存在”。我将新生日航的经营目的确定为“追求全体从业人员物质和精神两方面的幸福”。刚才已讲到，这是京瓷经营理念的一部分，是我经营哲学的根本。

针对我的这一观点，许多人批评说：“这不适合接受国家支援的、公共交通行业的企业。”但是，所谓企业，无论属于哪个行业或业态，首先都是为了在这里工作的全体从业人员的幸福而存在。这是我不可动摇的信念，所以我根本不可能改变这一观点。

一般人认为企业是股东的，所谓经营就是股东利益最大化。但是，让全体员工认识到工作的价值，带着自豪感，生气勃勃，勤奋工作，从而营造这样的氛围，才是经营的根本。这样做，才能提升业绩，结果也会给股东带来效益。

日航的企业目的就在于追求全体从业人员物质

和精神两方面的幸福。强调这一条，就给了员工们莫大的勇气。因为如果公司破产，员工们不仅会失去许多同事伙伴，而且工资大幅下降，劳动条件恶化，精神备受打击。

同时，因为明确了企业目的，员工们就把重建当作自己的事情："日航是我们的公司，既然如此，我们就得拼命保护这家公司，把它经营得有声有色。"

确立公司的使命，让大家共有这一使命，这样就提高了员工们的斗志和士气，他们才是重建的主角。我认为这是日航成功重建的最大要因。

经营者必须确立能为全体员工所共有的、能提高全员士气的、光明正大的、具备大义名分的、崇高的企业目的和意义，只有能让组织充满活力的人物，才能充当经营者。

没有比追求员工的幸福更为崇高的使命

在经营十二条的第一条中，我强调"要确立具备大义名分的、崇高的企业目的和意义”。同时，在京瓷、KDDI和日航，我都提出，要把“追求全体从业人员物质和精神两方面的幸福”作为使命。也就是说，最终的聚焦点只有一个，即只要员工幸福就好。

可能有人认为，这样一来就称不上崇高、光明正大、具备大义名分了。但是，爱他人、爱员工，祈望大家幸福，这是比任何大义名分都要崇高的大义名分，是比任何使命都更高尚、更光明正大的使命。

有人会说这样的经营理念未免过于朴实，层次太低。但是，我认为没有比让员工幸福更加高尚的大义名分了。

我想，在不同的公司里，有各种各样的经营目的和使命。但是，既然要经营企业，在企业的目的和使命中，经营者一定要“把员工的幸福放在第一位”。这样做，员工就会产生感激之心，加倍努力回报公司。

要点

为什么要从事这项事业？必须明确表达事业的“目的”。

在事业目的中有没有“大义名分”，它是否光明正大？

是否具备“实现员工幸福”这一不可动摇的信念？

全体员工在推进工作时，是否抱有使命感，认识到工作的价值？

补讲

问题 1：
为什么必须明确经营企业的目的？

答：

对于员工不足百人的小型家族企业来说，其第二代、第三代接班人往往毕业于一流大学，因为“不屑于继承家业”，而进入了一流的公司。但是，工作了四五年之后，他们就以“父亲要求我回来”“父亲病倒了”等理由，回到了自家的公司。其实，他们“虽然进入了一流公司，但看不到自己有上升的空间”，这才是他们回家的真实理由。但他们故意回避这一点，用一些冠冕堂皇的说辞回到了家乡。

进入家族企业后，因为父亲是社长，自己一下子就有了常务或专务的头衔。当事人如果又能说会道，就会在当地的许多社会团体露脸，接受别人的抬举奉承，以为自己已经是当地有头有脸的经营者，于是照此行事。

对于这样的人，如果问他："你把企业经营的目的和意义放在哪里？"他的回答就会是："只因为父亲要我干公司的工作，我才干的。"就是说，为什么要经营这家公司，他们中的大部分人连想都没有想过。对于这些人，我会这么说：

"你必须成为一名优秀的经营者，必须提升企业的利润。为此，你当然会要求员工们'加油干'。但你自己呢？不过是因为父亲是社长，你才当上了常务、专务，并不是因为你作为经营者，表现得很出色，才有了这些头衔。因此，你鼓励员工们加油干，在员工们看来，你的目的不过是继承家业的你为了增加你家的财产而已。

"员工们会想，自己在这家公司再怎么努力，也当不上经营者，拼命工作不过是为了增加创业者家族的财富。即使不深究到这种程度，员工们大体也都会无意识地这么想。所以，不管你怎么号召，他们都不会由衷地配合你。他们拿多少钱、干多少活，做到这样就算不错了。”

这就是在实行家族经营的中小企业中，经营者与员工的真实关系。

另外，有的员工努力工作，被提拔进入了领导班子。即使是这样的人，他们的想法也大体雷同。进入公司，工作出色，成了经营者，或者成了二号或三号领导人，对于“这家公司该向哪里走”“企业经营的目的是什么”，他们也不会认真思考，大多数人的想法不过是“过去一直就是这么干的”，于是只是沿袭以往的做法。

情况就是这样的，即使当上了经营者，但究竟应该以什么为目的经营企业才对，几乎所有的人都没有思考过。

我认为，追求“全体从业人员物质和精神两方面的幸福”，是具备大义名分的、高层次的企业目的。这个目的不是为了某个人，而是为了集团。正是为了集团的幸福，而且是物质和精神两方面的幸福，我们才拼命地工作。虽然这是我当初为了平息年轻员工们的不满才制定的目的，但我认为，这是一个具有大义名分的企业目的。

“我的父亲也许并没有这样的目的，但既然我继承了这家公司，我就要改变公司的目的，我准备把为了在这里工作的员工们的幸福，确定为公司的目的。”

如果你宣告这一点，员工们的态度就会为之一变。看到你为此而拼命地、辛苦地工作，员工们就会热心地支持你、协助你。

问题 2：
具备大义名分的目的能带来什么？

答：

在京瓷的经营理念中，之所以用的不是“员工”，而是“全体从业人员”这个词，是因为这个所谓追求“全体从业人员物质和精神两方面的幸福”，追求的不仅仅是员工，而且包括作为社长的我自己，也包括每天在现场努力做事的钟点工在内的所有人的幸福。

不是将经营者和劳动者分隔开来，而是把所有从事事业的人都定义为“从业人员”。我决定追求所有这些人物质和精神两方面的幸福。

这虽然是一个极其质朴的经营企业的目的，但我觉得，这是一个非常了不起的目的，我甚至觉得，这应该是神灵赐予我的宝贵启示。

因为是追求全体从业人员物质和精神两方面的幸福，我们就不必顾忌有人反对。就是说，我们之所以拼命工作，不是为了我这个社长，不是为了稻盛家族，也不是为了股东，而是为了追求聚集在公司的全体从业人员的幸福。

如果是这样的目的，那么大家都能共有。“你经营的目的，是追求我们的幸福。我双手赞成。”众人都会有共鸣。

因为我自己工作极度认真，有时会严格斥责员工。自从改变了企业目的，我在斥责员工时就没有了负疚感。为什么？因为斥责不是为了我自己。“为了你的幸福，我从早到晚，粉身碎骨，拼命工作，而你如此马虎，好意思吗？你也必须更认真！”我可以堂堂正正地批评工作不努力的人。

为了你，我在拼着命干，你却不负责任，说得过去吗？这时候，我斥责也好，批评也好，就没有精神负担。从这个意义上讲，我认为，在企业目的中，必须具备大义名分。

问题 3：
为什么大义名分必不可缺？

答：

在从事一项事业的时候，经营者为了自己发财而任意驱使员工，是不行的。不管哪项事业，都需要高尚的事业目的，都需要大义名分。在我们盛和塾的塾生中，有从事大楼清扫的企业经营者，他们就确立了出色的大义名分，把事业做得风生水起。

“客人信任我们，把工作委托给我们。我们一定要让客人满意，让客人感叹‘清扫所到之处，大楼变得干净美丽’。我们的工作具有社会意义。”这就是这家公司的企业目的。

不是为了经营者赚钱而努力，而是确立了大家都能赞同的、具备大义名分的企业目的，依据这一目的开展经营。在企业确立了这种具备大义名分的目的之后，快速转变为优秀企业的案例屡见不鲜。

不仅是企业经营者，哪怕是企业里的事业部长，在自己负责的事业范围内，也必须确立大义名分。这样的话，部下就会说：“为了这个了不起的目的，为了这项事业，哪怕赴汤蹈火，我们也在所不辞。”“这项事业既是为了社会，也是为了我的家人，还是为了我个人。所以，我必须努力。”

在京瓷，在各个事业部内，上司看着每个月的核算表，会进行严格的追究：“这个月里，每小时的附加价值成绩不佳，没有做出利润，你们究竟是怎么干的？”但是，上司不只是追究为何没能赢利，还必须进行如下说明：

“投资了这项具备大义名分的事业，目的是对社会做贡献，但是这样的成绩无法让事业发展。如果出现赤字，那么这一事业目的就无法达成，也就无法为社会做贡献。所以要指导下属搞清亏损的原因，帮助他们改善收支状况。”

如果部下因为业绩不佳遭到上司的批评，而上司只是不假思索地迁怒于部下的话，那么，没有人愿意从内心努力提升业绩。

“为了贯彻这项事业的大义名分，利润是必需的。但我之所以严格追究，目的并不是利润。为了履行大义名分，让事业发展，公司又必须做出利润。因此，我才会严格要求。”我必须让大家理解这层意思。

经营者自身，事业部长自身，如果认识到“这项工作很有意义，在这项工作中感受到了人生的价值”，那么就要提出与此相应的大义名分，让大家产生共鸣。“这么有意义的事业的这一部分，就让我来承担吧。”要让下属主动提出这种要求。经营者必须确立这样的大义名分。

所谓大义名分，属于“公”的范畴。如果事业目的出于私，是为了自己，那么内心就会纠结羞愧。如果把自己搁在一边，为了“公”的话，人就会精神振奋。

例如，在运动会上赛跑时，为团队出力，拼命奔跑，这就是人。如果是为“公”、为“正义”、为“公平”、为“社会”的话，自然力量就如泉涌。

经营十二条的第一条——“明确事业的目的和意义”，不仅对于事业，对于人生也照样适用。在自己人生的目的和意义中，也需要确立大义名分。哪怕只是“为了家人”，这也是大义。“只要自己一个人快乐轻松、平安无事，就行了。”这是行不通的。为了让自己的人生过得有声有色，自己也要确立具备大义名分的目的和意义，并为实现这个目的和意义而努力奋斗，这是非常重要的。

第二条

设定具体的目标

——所设目标随时与员工共有

02

在极端的混沌中开辟生路，带领集团前进

设定具体的目标，这也是确立企业的“愿景”。“这个组织的目标是什么”，经营者要昭示这样的愿景和目标，并向团队成员明示。

“我想引领组织走向那个方向！”要明示这样的方针。“在前方有那样的未来！”要描绘这样的展望。而且，还要指明实现目标的具体方法策略，引导员工共同前进。这是经营者的职责。

特别是在经营环境迅速变化、看不清楚前进方向的混沌时代，经营者更要指明组织的愿景和目标。在明确的目标之下，会集组织的全体成员，在极度的混沌中开辟出生路，引导集团朝着既定目标笔直前行，这是集团赋予经营者的最大任务。

在引领大家朝着目标行进的过程中，经营者会遭遇无法预测的各种各样的障碍。但是，无论遇到何种难题，经营者自身都要以坚强的意志面对困难，把组织拧成一股绳，集中大家的智慧和力量，坚决达成目标。除此之外，别无他法。

许多人在直面剧烈的经济恶化等困难状况时，往往会左右摇摆，迷失当初昭示的愿景和目标。但这样一来，员工就不会继续追随。无论身处怎样的混沌迷惑之中，都要盯住应该瞄准的那一点，率领组织前进。我认为，只有具备这种坚强的精神力量的人，才是真正的经营者。

不断诉说宏伟愿景，鼓舞员工

回顾过去，虽然我在创业时，将京瓷定位为精密陶瓷零部件的生产商，但当时京瓷是一家小企业，前途完全无法预测。然而，从那时起，我就一直坚持昭示高远的愿景和目标，不断诉说我们的梦想。

“我们的精密陶瓷对于日本，不，对于全世界的电子产业的巨大发展来说，是必不可缺的，我们要将产品提供给全世界。

“虽然京瓷现在还是不起眼的街道工厂，但是，首先我们要成为街道内第一，也就是原町第一的公司。成为原町第一之后，我们就要成为中京区第一。成为中京区第一之后，我们还要成为京都第一。成为京都第一之后，我们再成为日本第一。成为日本第一之后，我们最终要成为世界第一。”

当时的京瓷厂房还是租借来的，员工不过数十人，年销售额不足1亿日元，属于小微企业。但是，我利用各种机会，向员工们描述宏伟的愿景：“要成为日本第一、世界第一。”

实际上，从最近的市电车站到京瓷短短的路途中，就有一家名叫“京都机械工具”的企业，生产扳手、钳子等车载工具。当时，汽车产业蓬勃发展，该公司一片繁荣景象。相比之下，京瓷租借别人的木结构仓库作为厂房，是刚刚开始运行的小微企业。因此，尽管我说了我们要成为街道第一，但员工们一脸不相信："要超过上班路上经过的那家机械工具公司，怎么可能！"

不知疲倦，不厌其烦，说服员工

实际上，在说出宏伟愿景的当时，我自己也没想到，京瓷真的能成为原町第一的公司。

更何况说，我虽然说出了要成为中京区第一。但中京区有岛津制作所，是东证一部上市企业，后来还出了诺贝尔奖获得者，以高技术享誉世界。要成为中京区第一，我们就必须超过岛津制作所。大家都认为这是根本不可能的。

再看看精密陶瓷行业，当时已经有日本碍子、日本特殊陶业这样的出色企业。它们的技术、历史、实绩，以及人、财、物等所有经营资源，都占有压倒性的优势，从京瓷的角度来看，它们就如同耸立的巨人。

尽管如此，我依然不知疲倦地、不厌其烦地向员工们诉说梦想：要成为“京都第一”“日本第一”“世界第一”。

起初半信半疑的员工们不知从何时起就相信了我所诉说的梦想，并且为实现这一梦想而齐心合力，努力奋斗。

我自己也逐渐将这一梦想变成了切实的目标。即便是在满身粉尘的日常工作中，我们也心怀宏伟愿景：“首先要成为原町第一，最终要成为世界第一。”为此，我们持续付出不亚于任何人的努力，不断钻研创新，对一件接一件的具体工作，都认真处理，努力解决。

结果，京瓷成了精密陶瓷领域世界第一的企业，并且以精密陶瓷技术为核心实现了多元化发展，现在已经成长为年销售额1.3万亿日元规模的企业。同时，京瓷在长达半个世纪以上的历史当中，不曾出现一次赤字决算，利润率基本上维持在10%

以上。

京瓷不断成长发展的原点就在于有这样的“愿景”。

用充满梦想的具体的目标来凝聚员工的力量

愿景，也就是公司的目标，必须充满梦想。同时，企业还要制订实现愿景、目标的具体的计划。

比如，本企业的年销售额现在是10亿日元，希望明年达到12亿日元，像这样，必须用具体的数字明确地描绘目标。不仅是销售额，还包括利润额在内，都要设定具体的目标。

重要的是，这种目标在空间和时间上都必须明确。目标不是全公司的一个抽象数字，而是分解到各个部门的详细数据，现场最小的组织单位也必须有明确的数字目标。再进一步，每一个基层员工都要有明确的指针和具体的目标。

另外，不仅要设定整个年度的目标，而且要明确设定月度目标。如果月度目标明确了，每个人就能看到自己每一天的目标。必须设定明确的目标，让员工明白自己每一天的任务，并努力完成。

如果每位员工努力完成任务，各个部门就能达成目标，公司整体目标也自然达成。如果每天的目标达成，那么积累起来，月度、年度的经营目标也自然达成。

这是因为，只要目标明确，集结全体员工的力量就有了可能。如果目标不明，即经营者不能指明公司的前进方向，员工就会无所适从，或各行其是，方向混乱，结果力量分散，组织的合力就无从发挥。

不要中长期计划——积累每一年的愚直努力

实际上，我并不主张制订长期的经营计划。在企业经营的世界里，不少人主张必须依据企业经营战略，建立5年甚至10年的中长期计划。但是，我从不制订长期计划。因为即使制订了长期计划，也几乎达不成。

制订长期经营计划，其间必有超出预想的市场变动，甚至有不测事态发生，计划本身就会失去意义，不得不向下修正或放弃，这类事司空见惯。

无把握兑现的、可以随便取消的计划，还是以不制订为好。员工如果见多了经常向下调整的或经常被放弃的计划，就会产生“反正完不成也没关系”的想法，甚至漠视计划。即使经营者再次提出经营的高目标，或提出远大的计划，员工也会渐渐失去挑战的热情。

此外，在长期计划中，销售目标往往没达成，费用目标和人员目标倒按计划实行了，导致费用增加，经营吃紧，日子变得难过。

因此，京瓷从创立时起，一向就只制订年度经营计划。三五年后的事，谁都无法正确预测。一年的话，基本还能看清楚。我们就死死盯住这个年度计划，千方百计，不达不休。

“拼命努力度过今天这一天，就能看清明天；拼命努力度过当月这一月，就能看清下月；拼命努力度过今年这一年，就能看清明年。”

我就抱着这样的想法，扎扎实实达成每一天、每一月、每一年的目标，拼命努力至今。

但是，经营顾问们瞧不起这一套。“这岂能成大事！”他们异口同声如此说。然而，我只顾设定每年的具体目标，将其付诸实行，并努力完成。接着设定下一年的明确目标，再实行，再完成。周而复始，贯通始终，就这样，事业年年岁岁增长不停。京瓷就如同尺蠖虫一般，一步一步前进，不断成长发展。

无论企业处于何种经营环境，经营者都要昭示愿景，制订具体的经营计划，在此基础上带领组织向着目标踏实迈进。只有这样的人物，才是在混沌的时代里开辟活路的真正的经营者。

只是费用按计划增长——长期计划的可怕处

另一方面，某些日本的大型电器厂家，尽管曾经席卷全世界的市场，但此后便是“失去的30年”，对于其衰落的情景，我想大家都很吃惊吧。

那些大型机电公司，一度描绘了非常宏大的愿景，制订了长期计划，投入了庞大的资金，建设了巨大的工厂。它们预测了三五年后的市场，投入了几千亿日元的巨资，但还不到一年时间，行业就大变动，导致新工厂无法使用，不得不全部做报废处理。

新工厂雇用的员工也因此变成了沉重的负担，各公司的赤字都达到了几千亿日元的规模。

他们认为“自己公司的技术出色，经济形势很乐观，应该没有问题”，由此制订计划。优秀的经营团队，预测尚且出现如此偏差，如果是看不清未来的经营者，那就更不用提了。

因此，我才会像尺蠖虫那样，一步一步朝前

走。一年的计划完成后，再确定下一年的计划。像尺蠖虫那样一步一步地前进，我才让京瓷成长发展到今天。

刚才粗略地讲了一下，其实我不考虑长期计划还有另一个理由，就是按计划推进的只会是费用的支出。

比如，假定预测“明年市场形势会更好”。相应之下，现在的工厂显得太小，于是公司决定，“应该贷款购买旁边的土地，建新工厂，把生产量增加五成”。同时，事业扩大离不开优秀的员工，于是公司决定“下一年度一定要雇用大量大学毕业的优秀的员工”。在这样的盘算之下，面向下一年度，公司采取了措施。

过完年后，原以为订单会增加五成，岂料形势没有恢复，订单根本没有增加。但是，新建工厂的计划已经实施，不断进展，银行也发放了贷款，购买土地的交涉也很顺利，“趁着现在机会好，赶紧将土地买了下来”。和建筑公司有关建造厂房的谈判也在推进，建筑公司表示“现在建房便宜”，于是，新厂房也开始建造。员工也按计划雇用了，依照培养优秀人才的初衷，招聘工作也顺利结束。

就是说，费用发生了，与计划预想得一样。但是，预想的增加收入这方面的计划完全落空。增加销售额的计划未能实现，只有费用的增加按计划进行。

银行贷款的利息增加了，建设费花了，人工费增加了，这个“增加计划”与形势变动毫无关系，可以按照自己制订的计划付诸实施。但是，要客户多下订单这个问题，不是只靠自己就可以解决的。矛盾就在这里发生了。

像这样，一旦制订长期计划，只有计划当中的费用会按计划不断增加，但是相应的收入不能按计划增加，这种情况经常出现。所以，我不制订长期计划。

要点

有没有昭示愿景，并指明相应的具体的“目标”？

有没有描绘未来的展望，并指明实现目标的具体的“方法策略”？

目标有没有落实到每位员工身上，有没有变成每个月、每一天的目标？

不是制订中长期计划，而是有没有设立“每年度的计划”，并确凿地付诸实行？

补讲

问题 1：
在制订目标时，必不可缺的能力是什么？

答：

所谓“设定具体的目标”，就是以年度为基础，根据每一天的订单额、销售额、生产额、费用、时间，建立每个月的月度目标。然后，每个月都扎实推进，以达成各项月度目标。各级领导人都必须具备制订这种目标的能力。

然而，比如说，“现在的社长，以前一直是做人事劳务工作的人”，或者“一直是从事半导体技术开发的人”，抑或“一直是在家电部门做销售工作的人”，这样的人，如果自己来看核算表，就无法说出“这个地方不对头，应该这样才对”之类的指导意见。如果只在某个部门工作过，并且只具备部门工作经验的人，当上了社长，那么其他领域的工作只能委托给别人，除了说一声“拜托你了”就没别的办法了。

以前，我与Doutor咖啡的鸟羽博道社长（现名誉会长）之间往复的书信，曾在某杂志专栏刊登。

当时，我对鸟羽先生这么说：“你我都是小微企业出身。小微企业的创业者如果不关注销售、生产、技术等所有方面的工作，就无法经营。多亏积累了多方面的经验，知道所有的业务内容，所以哪怕规模做到了一兆日元，在听取部下报告时，我仍能理解其内容。如果我是半路出家，进入某大企业，当上了社长，因为只懂技术，对于其他部门的报告，我就看不明白。怎么做才能让那项事业扭亏为盈，我就不晓得。听到汇报，我只能说‘啊！是吧’。我只能说到这个程度，无法靠自己展开经营。”

我认为，如果是工薪族经营者，也就是只具备某一部门经验的人，要接班当社长，他在决定要当社长的那个瞬间，就必须下决心学习“帝王学”。我对大家说：“面对年轻的骨干员工，哪怕低头恳求，哪怕拜倒在地，也要分别花一个月的时间到各个部门体验。花上一年的功夫，在公司所有部门学习。如果不在某种程度上理解各部门的工作，就不能当社长。”

“从现在开始，花一年时间实习。首先到财务部门，从会计的ABCD学起。如果不从这里开始锻炼，就成不了优秀的经营者。移交社长实权要到一年之后。”我这么强调。从财务到营销，在所有部门都花一个月的时间，轮回学习。将要接班的社长应该进行这样的教育。

问题 2：
怎么做到目标共有？

答：

以经营计划室为中心，规划和确定经营计

划，再根据这一计划决定具体的目标，由员工们来实行。这种“单向通行”的做法不能凝聚全员的合力。在决定具体目标的时候，不能仅仅靠“自上而下”，“自下而上”也是必需的。要和相应部门经理以及现场的责任人一起展开讨论，“这个指标应这么确定，不，应那么确定”。大家在彼此商讨的过程中，确立具体的目标数字。

数字由大家讨论决定，但已经决定的目标数字必须达成。为此，具体的目标必须是有关的所有人能够共有的东西。“自己也负有责任”，为了让大家理解这一点，从确立数字时开始，就要请大家共同参与，这是绝对条件。这个目标必须是全员拼命追求的目标。

例如，在京瓷，有按各种各样产品划分的各个部门，这些部门都是独立核算的。有时候，当客户要求“立即交付产品”时，员工可能就必须通宵加班生产。如果连基层的员工都在确立计划的阶段就参与的话，那么，在这种紧急的情况下，他们也会关心目标的达成，拼命努力，满足客户的要求。

为了做到这一点，员工必须了解现在公司的经营状况。在京瓷，以月末为截止期，在下个月的1日，各个部门都会发表上月各自的销售额和利润。在月底核算时，销售额是多少、费用是多少、利润做出了多少，第二天就能知道。

要让全体员工凭自己切身的感受，理解公司实际的经营状态。为了实现全员参与的经营，在确立具体目标的同时，要让员工及时看到现在的核算情况。这是很重要的。

问题 3：
为了达成目标，为什么“经营哲学”是必要的？

答：

“经营哲学很重要！”我们经常听到这句话，有人觉得厌烦，还有人抱抵触的态度，“难道公司连人的思想也要强制”。他们认为，具备什么样的思维方式或者哲学，乃是每个人的自由。在民主社会里，思想自由是基本前提。在这样的背景下，为什么我要倡导哲学，说服大家“应该抱有如此这般的思维方式”呢？理由如下：

确实，每个人抱有何种思维方式，具备何种哲学或思想，基本上是自由的。然而，其前提必须是：“依据自己相信的思维方式行事，最后得到的人生结果必须由自己负责。”就是说，思维方式是自由的，与此同时，因自己相信的思维方式产生的结果，就得由自己领受，这应该是自由社会的铁则。

这个问题，不妨用登山作例来说明。比如，带着家人外出郊游，登上海拔100米左右的小山丘，这也是登山的一种。相反，也有以高山为目标的、真正的登山。特别是想要攀登世界最高峰珠穆朗玛峰，就必须在事前进行训练，掌握攀岩技术。当然，携带攀登冬天山脉的重装备也属必需。在这些条件全部具备以后，登山者才有可能征服高山。

在攀登“人生”这座山时也一样。首先，要弄明白，自己想要攀登什么山，想要度过一个怎样的人生。然后，就需要做好与之相适应的准备，包括思维方式在内。

道理如此明显，人们却说：“想要什么样的思维方式是我的自由，我可以随意选择。”想用轻松愉快的思维方式，度过一个轻松愉快的人生，当然可以。不过，用这种思维方式所登上的，只能是海拔100米左右的小山丘。这一点，当事人必须理解清楚。

然而，人往往会事后感叹说：“不是这样的，我也想度过一个精彩而充实的人生。”但是，既不努力，也不做准备，企图贸然登上珠穆朗玛峰，是不可能的。如果硬要冒险攀登，只会命丧途中。

具备何种思维方式确实是个人自由，但首先要决定自己“想登什么山”，希望度过一个什么样的人生。如果是公司的话，是满足于中小企业的阶段，还是以成为大企业为目标？首先，必须要决定准备攀登哪座山。

如果想与世界的大企业为伍，想要成为一家卓越的公司，那么，采用肤浅的思维方式，以及半生不熟的哲学、思想，是不可能做到的。如果想要朝着那个高远的目标迈进的话，那么高层次的“经营哲学”是必需的。

采用马马虎虎的思维方式，建立一家马马虎虎的公司，就此了事。我丝毫不曾有过这种想法。因此，坚持自己任性随意的思维方式的人，完全可以去适合自己思维方式的公司工作。

在管理岗位上的领导者，不能不分青红皂白地只对部下强调“你的思维方式不行，必须是这样的思维方式”，不能一味将公司的思维方式强加于人，必须对员工解释清楚，为什么必须具备这样的思维方式。

“我们公司要攀登这样的高山，因此，员工也要为攀登高山做好准备，要具备相应的思维方式。”这么说明的话，员工也能理解、接受。

在向中小企业的经营者讲解经营方法的时候，一开头我就会说：“你打算攀登什么样的山？因为所要攀登的山不同的话，思维方式也不同。”

企业的规模不会超过企业经营者的器量。正因如此，经营者、高管，包括员工在内，所有在企业工作的人，都必须扩展自己的器量。而这个扩展人的器量所需要的作业，就是学习经营哲学。

第三条 胸中怀有强烈的愿望

——要怀有渗透至潜意识的强烈而持久的愿望

03

愿望的强烈程度是成功的关键

我认为，我们可以如心中所描绘的那样，成就事业。换言之，“无论如何都要达成目标”，这一愿望的强烈程度就是成功的关键。

基于这一点，我把“胸中怀有强烈的愿望”列为经营的第三条要谛，并将副标题确定为“要怀有渗透至潜意识的强烈而持久的愿望”。只要驱动潜意识，我们就能更有效地大幅拓展企业经营。

什么是潜意识？人的意识有显意识和潜意识之分。比如，现在我正在用显意识跟大家讲话，大家也正用显意识听我讲话。显意识是觉醒着的意识，是可随意运用的意识。

而与此相对应，潜意识通常沉潜于显意识之

下，不显露出来，是人不能任意控制的意识。

按照心理学家的说法，潜意识的容量比显意识不知要大多少倍。据说人从生到死，全过程中的一切体验、见闻、感触，都蓄积于潜意识之中。在日常生活中，我们会在不知不觉中运用这种潜意识。

以前我常常举例说明这一点，比如开汽车（在日本），“右手握方向盘，左手控制排挡，右脚踩油门或刹车”。这套操作要点，我们先用头脑理解，即运用显意识，将它集中于驾车这一行为。

但熟练以后，我们完全不需要有意识地操作，一边想着别的事，照样可以开得平稳自如。那是因为在我们运用显意识反复驾驶汽车的过程中，显意识渗透到了潜意识，结果潜意识在无意识中发挥作用，驱动了我们的手和脚。

通过反复体验，活用潜意识

据说有两种办法，可以运用潜意识。

第一种办法是受到强烈的冲击性刺激。人受到沉重打击时产生的刻骨铭心的体验，会进入潜意识，并不断返回显意识。

据说在人临死之际，过去的事情会犹如走马灯一般在脑海中浮现。零点几秒的一瞬间，一生的经历如同电影一样在脑海中一一闪现。就是说，储存于潜意识中的记忆，在直面“死”这一重大变故时，就会与显意识联结，而显现出来。但是，这种运用潜意识的方式，并不是想用就能用的。

第二种办法是像学开车一样，反复体验。通过反反复复的体验，我们可以使运用潜意识成为可能。

比如“销售额要达到多少”“利润要达到多少”这样的目标，从早到晚，夜以继日，24小时反复思考，这种强烈的、持续的愿望，可以进入当事人的潜意识。

经营者一到公司就要处理很多事情，不可能连续24小时只考虑一个目标，但因为这个目标已进入了潜意识，所以即使思考别的问题，“销售额要达到多少”这个强烈的意识也会发挥作用，让你自然而然地朝实现目标的方向前进。

凭借强烈的愿望，可以抓住转瞬即逝的机会

假设大家所经营的企业，想要进入新的事业领域。可是公司过去没涉足过该事业领域，公司内部缺乏具备相应专业知识和技术的人才。但如果抱有“无论如何非做不可”的强烈愿望，每天都反反复复在头脑中模拟演练，这个愿望最终就能渗透到潜意识。

某一天，你在酒店小酌时，忽然听到邻桌陌生人说话。他们谈论的就是自己一直在思考的那个领域的事情，说话的人也似乎就是那方面的专家。

于是，你立即起身请教：“对不起，听您刚才的话……”双方不知不觉就攀谈起来。这就有了缘分，即使素不相识，最后也会邀请他加入公司，

新事业以此为契机一举展开。这样的事情常常会发生。

这类事，我也经历过。1983年夏天，京瓷还只是京都的一家中型企业，但是我在思考如何进入电子通信领域这一国家级别的事业。当时，我担任京都商工会议所的副会长，正好有NTT的技术高管前来讲演。就是这次相会，让我的计划一下子大幅向前推进。

原本，我以为与被邀请的讲师，也就是那位NTT技术高管见面应酬一下，事情就过去了。然而，强烈的愿望已经渗透到潜意识。因此，机不可失，我将这偶然的邂逅变成了良机，引领事业走向了成功。这是潜意识的功劳，我就是这么想的。

但在进入这样的境界之前，我必须反复持续地思考，必须有经历全身心投入、不断驱动显意识的过程。如果对要做的事，不肯深思，淡然处置，那它绝不会渗透到潜意识。只有凭借火一般持续燃烧的炽热愿望，我们才可能活用潜意识。

重建日航的强烈愿望

日航重建也同样如此。2010年2月，我正式就任日航的会长。当时，企业再生支援机构制订的事业再生计划已经出炉。

计划的主要内容是，大幅削减债权、裁员16000名、减薪20%~30%、缩减国内外航线的40%、让大型飞机退役等，第一年实现641亿日元营业利润，第二年实现757亿日元营业利润，第三年重新上市，将企业再生支援机构的出资还给国家。这个计划的内容异常苛刻，这样的事情迄今为止谁都不曾经历过，许多媒体机构都断言，该计划不可能完成。

但是，我作为日航的会长，无论如何都要实行这个重建计划，日航一定要重建成功。从这一强烈的愿望出发，在就任会长的致辞中，我向全体日航员工说了下面一段话：

志气高昂，一心一意，不屈不挠，愿

望强烈，坚决实现新计划！

京瓷当年在推出新的成长战略并决心实现时，曾将这句话作为经营口号提出。意思是说："实现新的计划，关键在于无论遇到什么困难，都有决不气馁、决不放弃的决心。因此，必须持续抱着高尚而且强烈的愿望，一心一意，坚决干到底。"我把这句话用于日航的重建。

"新的计划"在这里是指日航的事业重建计划。实现这项计划，关键就在于参与日航重建的高管和员工们"不屈不挠"的决心。就是无论碰到什么困难，都决不退缩，一心一意，勇猛向前。因此，我们必须"聚精会神，抱着高尚的思想和强烈的愿望，坚韧不拔干到底"，必须持续怀抱纯粹而强烈的愿望。

我向日航全体员工强调这一条，这是实现重建计划所必需的精神准备。各个部门都在醒目处张贴标语宣传这句话，公司内部报纸的封面上也用大字刊登，向日航的全体员工明示，把它作为实现事业重建计划的口号。

同时，在每天的会议上，我也再三强调，按照这句话的意思，无论多么困难，多么辛苦，大家都要齐心协力，携手前进。就这样，在日航，无论如何都要实现重建计划的不容动摇的决心，以及必须达成目标的强烈的愿望，不仅成了我个人的意志，而且成了整个集团的共同意志。

就这样，2012年9月，日航成功实现了再上市。其业绩远远超越了原来的事业重建计划，而这个计划曾被普遍认为是一个难以实现的困难计划。

目标越难、越高，我们就越是要怀抱实现目标的强烈而持久的愿望。希望在座的各位能够昭示高目标，并怀抱强烈而持久的愿望去实现这样的高目标。

要点

你抱有的要达成目标的“愿望”，究竟有多强烈?

你是否拥有了渗透到潜意识的强烈而持久的愿望？你是否时时怀抱这样的愿望，以至于不放过任何转瞬即逝的机会?

你有没有让组织的全员都共有纯粹而强烈的愿望?

补讲

问题 1：
为什么心中抱有的愿望非常重要？

答：

也许有人会嘲笑我，说我是唯心论。但是，我认为，说得极端一点，我们心中抱有的思想、愿望决定了我们的人生。你现在的人生，就是由你内心描绘而成的。

人们往往认为，自己的人生之路不是由自己走出来的，而是由别人决定的，各种各样的因素发生作用，才形成了自己现在的人生。但这是不对的。你的人生，正是由你的内心召唤而来的，你的思想造就了今天的你。

从这个意义上说，最为重要的，就是心中抱有什么样的思想、愿望。

谈到思想、愿望，我想起了一件事。应该是

在京瓷创业后不久，当时我不知道该怎么做才能把公司经营好。于是，我就买来松下幸之助先生编的小册子*PHP*，认真阅读，还让员工们轮读，希望多多少少能对经营有一些了解。

正好当时有一场幸之助先生的讲演会。我觉得机会难得，一定要去听一听，于是抽空赶了过去。会场客满，已经没有座位，我就站在最后面，认真听讲。

幸之助先生讲的题目是“水库式经营”。具体内容是：“下雨时，把水蓄在水库里以防洪灾。持续晴天时，就要放水以防干旱。企业经营也是一样的，经济景气时，做出利润，就要将利润储蓄起来以防经济萧条。就像水库一样，经营必须要留有余裕。”

讲演结束，有一位年龄较大的人提问。他说：“幸之助先生讲得很精彩。但是，您说应该搞留有余裕的水库式经营，但我没有余裕。为了让经营有余裕，我们该怎么做才好呢？如果不教我们具体的方法，那么您的讲话对我们就没有任何参考价值。”

这个问题让幸之助先生一时语塞。如果我是幸之助先生的话，我或许会这么回答：“具体的方法我也不知道。我也很想知道。”但幸之助先生稍稍停顿后这么说：

“不那么想，可不行啊！”

搞经营必须要留有余裕！首先，必须得这么想。一般人认为，用头脑想想不可能成事。但这是不对的。“想”是第一重要的。幸之助先生想表达的意思如下：

“正因你认为，只是想想是没有意义的，所以你才搞不成。首先，要从‘想’开始。如果想要这么做，就会产生无论如何都要实行的动机。所以，‘不那么想，可不行啊’。”

连想都没想的事情，当然不可能成功。正是“想”这一行为，塑造了我们的人生。正因为“想”了，我们才会付诸行动，才会溢于言表，我们一切行动的结果，都是由“想”塑造的。

问题 2：
愿望一定能实现吗？

答：

1982年，京都陶瓷株式会社更名为“京瓷株式会社”，走出新的一步。作为经营口号，我在公司内部提出了如下一句话：

“志气高昂，一心一意，不屈不挠，愿望强烈，坚决实现新计划！”

这是开悟的瑜伽达人中村天风先生的话。中村先生主张积极思考，论述了达成新计划所必须具备的精神状态。

中村先生继续说道：

“在人生途中，即便被抛进了命运的滔滔浊流，即便不幸受到病魔的折磨，那也不能苦闷，不能畏惧，哪怕在梦中也不行。”

意思就是说，在人生道路上，即使受到命运的捉弄，陷入了不幸，或者遭受疾病缠身，也绝对不能痛苦烦恼，不能恐惧害怕，而要一心一意想着如何成功。再换句话说，对于新的计划、新的目标的实现，不能有丝毫怀疑，如果有疑虑，就必须立即排除。

对此，多数人“也想做”，但马上又觉得“困难的条件有这么多”，于是就开始退缩。

但是，既然“想要这么做”，就不能有一丁点儿消极的念头，特别是面对困难的课题，更是如此。“这件事很难”，只要稍有畏难情绪，事情就绝对不可能成功。必须怀抱无论如何非实现不可的强烈而持久的愿望。

“虽然这么想，但实际很困难”，这种否定性的语言绝对不能说出口。如果冒出这种疑虑的念头，必须马上将其拂去，这样的努力非常重要。

只顾相信自己的可能性，为了实现目标，单

纯地、强烈地、持续地思考，这就行了。不要有任何的担心。在人的思想中，潜藏着超越我们想象的、不同寻常的巨大力量。首先，要排除一切疑虑，怀抱“不管怎样都要实现”的强烈愿望。

当然，不是说只要思考，只要怀抱愿望，就万事大吉了。既然愿望强烈，接着自然就要持续地付出“不亚于任何人的努力”（本书第四条）。只要这么做，事业就一定能成功。

问题3：

愿望不但要强烈，而且要纯粹，要志气高昂，这是什么意思？

答：

在心中抱有强烈愿望的时候，不仅仅是强烈，而且愿望必须正确而纯粹，这一点很重要。正如中村天风先生所说，必须“志气高昂，一心一意”。对于志气高昂的纯粹的愿望，一个劲儿把它思考到底，这才是重要的。

这一点，用我创立第二电电时的情况为例，大家应该可以充分理解。当时，我们既没有资金，也没有技术，有的仅仅是“为国民提供低廉的通信费用”这一个愿望。

“日本的电话通信费用极其昂贵，如果不降低通信费用，那么，在即将到来的信息化社会中，国民就不得不承受巨大的负担。为了降低因NTT的垄断而处于高位的通信费用，必须出现与之竞争的公司，必须在正当的竞争下降低通信费用。”

日本这个国家，包括舆论在内，是一个在面对强大势力时就会示弱的国家。对此，我认为：“在一个容忍垄断体制的社会里，通信费用绝对不可能下降。必须通过正当的市场竞争，把通信费用降下来。”我抱着强烈的愿望，决心创立第二电电。

但是，虽说愿望强烈，我却没有立即公开

表明参与竞争的意愿。我花费了半年左右的时间，不断严肃地逼问自己："动机善吗？私心无吗？"

"你正在考虑以京瓷这个地方性的中型企业为母体，发起成立第二电电。你仅仅是为了降低国民的通信费用这一个目的吗？你不是为了表现自己以博得众人的喝彩吧？你的动机是善的吗？你真的没有私心吗？"

我严厉地追问自己长达半年左右的时间。想要创办通信事业，这一强烈的愿望，没有夹杂任何私心，目的正当而且纯粹，我在确认了这一点之后，方才举手，正式参与新的事业。

在设立第二电电时，我只有52岁，京瓷的总销售额也不过只有2200亿日元的规模。这样一家京都的中型企业，面对销售额几万亿日元的NTT，不惧一战。因此，常有人讽刺我们是"堂吉诃德挑战风车"。

但是，结果呢？被认为必定成功的两家竞争

对手企业消亡了，被判为必将破产的第二电电，却以新生的KDDI为名，获得了卓越的成功。

这完全是我以是否“动机至善，私心了无”不断自我追问，从“降低国民的通信费用”这一纯粹的愿望出发，创立公司，一味拼命努力的结果，仅此而已。

我这种纯粹的动机和顽强的努力，让第二电电的高管和员工从内心产生了共鸣，他们不惜粉身碎骨，拼命工作。同时，这也打动了代理店以及交易对象们的心，他们也全力援助我们。另外，作为客户的普通国民也给了第二电电热情的支持。

说句题外话，在第二电电创业之初，我连一股也不曾持有。这是因为，我不断自问是否“动机至善，私心了无”，从纯粹的愿望发端，以开创事业为志向，所以我认为自己不应该持有股份。我就是这么想的。如果我持有股份，那么在公司上市时，我恐怕会拥有巨额的资产。但是，我最终只是在公司上市以后，才在市场上购入了若干股票。因为我觉得，作为第二电电的会长，我连一股也不持的话，好像也说不过去。

大家或许会认为，依靠这种单纯的思想就能让事业获得成功，简直不可思议。但是，我认为，第二电电的成功证明了这个真理。与此同时，因为读到了下面一段话，我再次真实地感觉到，正确的、纯粹的、强烈的愿望和坚忍不拔的努力所具备的巨大的力量。

“对于眼前目标的实现也好，对于人生目的的达成也好，比起心地肮脏的人，心灵纯洁的人要容易得多。在心地肮脏的人因为害怕失败而不敢涉足的领域，心灵纯洁的人随意踏入就轻易获胜，这样的事例并不鲜见。”

这是活跃在20世纪初期的英国启蒙思想家詹姆斯·艾伦说的话。读到这段话，我非常惊喜。他把我的实际感觉表达得淋漓尽致。

作为垄断企业的NTT，从明治维新以来，依靠国家财政把电话网络铺设到日本全国各地。与实力如此强大的NTT对抗，风险极为巨大，简直无法想象。所以，没有任何人敢于出手。但是，被讽刺为“堂吉诃德”的我，出手挑战就获得了成功。

我感受到，詹姆斯·艾伦用精到的语言表达了这个简单的事实。就是说，愿望可以让事业成功，但如果这个愿望不仅强烈，并且正确而又纯粹的话，成功的概率就会大大提高，同时，这样的成功还能长期持续。这是我通过自己的人生实践证实的真理，也是我不可动摇的信念。

第四条

付出不亚于任何人的努力

——一步一步、扎扎实实、坚持不懈地做好具体的工作

04

全力疾驰，跑完马拉松

我认为成功没有捷径，努力才是通往成功的光明大道。京瓷仅用40年，就成长发展到现在的规模，除努力之外，可以说别无他因。

但是，京瓷的努力不是普通的努力，而是“不亚于任何人的努力”。“不亚于任何人”这几个字，才是最关键的。不做这种程度的努力，绝无企业今日的繁荣。

京瓷创业之初，我们既无足够的资金和设备，又无经营的经验和实绩，唯一的资本，只有无穷尽的努力，真可谓夜以继日，昼夜不分，努力工作，达于极限。

大家每天忙得连何时回家、何时睡觉都不知

道。不久大家就筋疲力尽。“照这样拼命，身体能吃得消吗？”员工中传出这样的声音。

我的生活也毫无规律，睡眠极少，不能按时吃饭。有时想，长此以往，恐怕真的难以为继。但我还是召集高管开会，说了这样的话：

“我虽不太懂企业经营是怎么回事，但应该可以将它视作马拉松，这是长距离、长时间竞赛。我们是初次参赛的非专业团队，而且起步已迟。包括大企业在内的先头团队已跑完了全程的一半。反正我们是无经验、无技术的新手，出发又晚，按照正常速度根本不可能取胜。既然如此，不如一上场就全力疾驰。

“大家会说，‘这样蛮干，身体会垮’。说得没错，要用百米赛跑的速度，一口气跑完42.195公里马拉松全程，当然不可能。先头团队已经遥遥领先，如果新手迟发又慢跑的话，不仅毫无胜算，还会逐渐拉大距离。所以，哪怕是短时间内，我们也至少得尽力急起直追，努力挑战。”

我就这样说服了员工，所以自创业以来，京瓷始终全力疾驰。结果，京瓷一路不知停歇地不断发展，直到今天。

“我尽我自己的努力”，这种程度的努力无法在激烈的企业竞争中胜出

至今令我难忘的是创业后第12年，也就是1971年公司股票上市当日的情景。全体员工聚集在工厂的空地上，我不禁流下感动的泪水，哽咽着说了下面一番话：

“以百米赛跑的速度跑马拉松，或许中途倒下，或许渐渐落伍。大家这么讲过，我也这么想过。但是，与其参加没有胜算的比赛，不如一开始就全力以赴，即使时间短暂，也要挑战一下。幸运的是，我们在不知不觉中居然适应了高速度，用高速度一直跑到了今天。

“跑着跑着，发现前面的人速度并不快。因

为已经看到了先头团队的背影。于是再加速，超越他们，现在我们已经超过了第二团队，先头团队已进入视野，再加油，按这种阵势就可以追上先头团队！”

像这样全力疾驰跑完马拉松，只有这样的努力才称得上是“不亚于任何人的努力”。

试问诸位经营者：“你们努力吗？”大家会答：“我尽了自己的努力。”但是，企业经营就是竞争，当竞争对手比我们更努力时，我们的努力就不奏效，我们就难免失败和衰退。

仅仅是“尽了自己的努力”这样的程度，公司不可能发展。要在“血雨腥风”般残酷而激烈的企业竞争中取胜，获得成长发展，就必须付出“不亚于任何人的努力”。

日复一日，持续付出“不亚于任何人的努力”

还有一点很重要，“不亚于任何人的努力”必须每天不断地持续。千万不可忘记，任何伟大的事业，都是一步一步、踏实努力积累的结果。

京瓷靠生产松下电子工业的电视机显像管所用精密陶瓷部件开始创业。因为这种产品的加工非常困难，当时日本只有京瓷能做。尽管如此，一个产品只卖9日元。但是，松下电子工业的订货批量以几万个、几十万个为单位。

精密陶瓷部件所用材料虽然先进，但同陶瓷器皿的烧制一样，生产过程并没有什么特别，将原料粉末成型凝固后，放进炉里高温烧结。这样的作业周而复始，不断重复，不断生产。

我当时常想，不管我们多么努力生产，但只卖9日元的廉价产品，就只是大公司的外包工厂，不可能变为大企业。但是，翻开迄今为止大企业的成长发展史，我们就会明白，它们都从小事业开始，点滴积累，不断创新，踏实努力，坚持不懈，才有后来的辉煌，不可能一开始就做大买卖。

企业发展的要诀一点不难：认真做实事，一步一步、踏踏实实，持续付出不亚于任何人的努力，精益求精，持之以恒，如此而已。

希望大家都理解这个道理，在一年365天，持续付出不亚于任何人的努力。只要持续付出“不亚于任何人的努力”，诸位的公司定能成为自己都难以想象的伟大企业，作为经营者的诸位的人生也会更加充实美好。

要点

你有没有不想努力，去寻找成功捷径的倾向？

你正在付出“不亚于任何人”的努力吗？还是仅仅“尽我所能”而已？

你在率先垂范，带头付出不亚于任何人的努力吗？

作为企业，你们正在一步一步、踏踏实实、日复一日地持续付出不亚于任何人的努力吗？

补讲

问题 1：
努力的秘诀是什么？

答：

在企业经营中，最重要的事情是，经营者和高管们“付出不亚于任何人的努力”。我认为，这一点决定了公司经营的成败。

有的经营者在经济不景气的时候也不抱怨，而是拼命努力。一般来说，经济如此萧条，大家都会发牢骚、鸣不平。但是，“即使经济不好，也得有所作为”，依然拼命努力的公司还是有的。这样的公司经营稳健，即使经济不怎么景气，它们照样岿然不动。

另外，阅读人物传记就能明白，做出伟大发明发现的人，全都是在漫长的时间内，一步一步、不断努力、做好朴实工作的人。包括艺术家，包括把一技一艺做到极致的工匠，无不如此。

孜孜不倦，终其一生，从事单纯朴实的工作的人，能成为出类拔萃的人。就是说，付出不亚于任何人的努力就可以让“平凡的人”变为“非凡的人”。

像我这样的人，或许并不具备经营者才能，但为了成为优秀的经营者，该怎么做才好呢？随处可见的“平凡的人”要变为“非凡的人”，关键就是不懈努力的反复积累。毕生努力的人，才能成为名人或达人。

认识到这一点以后，我很自觉地付出不亚于任何人的努力，毫不厌烦，至今还在继续。

我的情况是，环境逼得我不能不持续努力，所以我一直很努力。但后来，我产生了一种感觉，那就是，在热心投入朴实工作的过程中，我喜欢上了工作。

从那以后，从早到晚，不惜分秒，我全身心

投入工作。在外人看来，“工作那么努力，太辛苦了”，觉得我很可怜。但是，我喜欢工作，沉迷其中。我认为，正因为迷上了工作，我才能持续努力，一路走到今天。我就是这么想的。

有言道：“有情人相会，千里如一里。”想与自己迷恋的人相见，哪怕走上千里也不觉其苦，感觉只有一里之距。在漫长的路程中持续努力的原动力，就是“喜欢工作”这一条。只要迷上了工作，看来辛苦的工作，就变得不再辛苦。

意识到这一点后，我就对年轻人说：“必须付出不亚于任何人的努力，不过其中有个秘诀，就是要喜欢上、迷恋上你现在正在做的工作。一旦你喜欢上、迷恋上了，虽然旁人看你很辛苦，你本人却甘之如饴，一点也没有辛苦的感觉。”

问题2：
努力和能力哪个重要？

答：

要在人生和工作中做出结果，“能力”是必要的。但要把工作做出色，像傻瓜一样的“热情”和“努力”更是必不可缺的。再进一步说，“拼命付出热情和努力，达到让人嘲笑的程度，这才算出色”，这种“思维方式”非常重要。

经过思考，我觉得可以列出一个方程式，说明人生和工作的结果取决于“能力”“热情（努力）”“思维方式”这三个要素。我认为，人生和工作的结果由这三个要素的乘积决定：

人生·工作的结果＝思维方式×热情×能力

按照这个方程式，即使只具备勉强及格程度的60分的能力，但以80分的热情付诸努力的话，就可以获得4800分（60×80）的结果。这很明了。如果热情、努力是90分的话，结果就是5400

分（60×90）这个高分。

但是，即使是毕业于名牌大学、头脑聪明、能力为90分的人，却因为脑子好使，就放松努力，只有30分的努力，结果也只有2700分（90×30）。

还有，在这之上，还要加进“思维方式”。思维方式从负100到正100。因为这三个要素是相乘的关系，所以性格扭曲、消极处世，或者总是自私自利，结果就会全成为负数。

我按照这个方程式，努力将人生和工作的结果做成正值，并尽可能把结果做大。即使能力不强，但只要有热情，不懈努力，并采用正面的思维方式，那就会带来出色的成果。

问题3：
领导人应该牺牲自己吗？

答：

当付出不亚于任何人的努力时，精力都会集

中在工作上。从这个意义上说，自己的人生就没有了余暇。如果既不能把时间花在个人兴趣上，也无暇玩乐，有时就会觉得自己过得很惨。如果不能发展个人兴趣，不能外出玩乐，就会感觉这样的人生未免单调乏味。

后来，我学到了一段话，它治愈了我的这种情绪，让我获得了救赎。

这段话是20世纪初英国思想家詹姆斯·艾伦说的。当时，我全力以赴，聚精会神于工作，但这么做是否让我失去了别的什么重要的东西了呢？当我感到困惑迷茫时，詹姆斯·艾伦留下的这段话让我茅塞顿开：

“无法获取成功的人，都是一点儿也不肯牺牲自己欲望的人。”

就是说，完全不愿牺牲自己欲望的人，不可能获得成功。詹姆斯·艾伦继续说道：

“如果真的想要成功，就必须付出与之相应的自我牺牲；如果想要获得大的成功，就要付出大的自我牺牲；如果想要获得最大的成功，就要付出最大的自我牺牲。”

从玩心正浓的时期开始，就一直强迫自己做出自我牺牲，这是成就事业，或者说为了获得成功，必须付出的正当的代价。我感觉到，詹姆斯·艾伦说的就是这个意思。

“果然如此。如果是这样的话，京瓷之所以获得今天这样的成功，是因为我们付出了相应的自我牺牲。作为这种牺牲的补偿，公司才有至今的发展。”我对此确信不疑。

第五条

销售最大化、费用最小化

——利润无须强求，量入为出，利润随之而来

05

不可做“加法式经营”

京瓷创业之初，我没有经营的经验和知识，对企业会计一窍不通，便请外援公司派来的财务科长协助会计事务。一到月底，我就抓住他问：“这个月怎么样？”他的回答只要夹杂许多会计专业术语的解答，就会令技术出身的我十分头痛。

我忍不住说：“如果销售减去费用，剩余就是利润的话，那么，只要把销售额增加到最大，把费用压缩到最小，不就行了吗？”

估计那位科长当时吃了一惊。从那时起，我就把“销售最大化、费用最小化”当作经营的大原则。虽然这是一条非常单纯的原则，但正是由于忠实地贯彻了这一原则，京瓷才成为一家高收益体质的优秀企业。

作为经营常识，大家都认为销售额增加，费用就会随之增加。但是这不对。超越“销售增加，费用也增加”这一错误的常识，为做到“销售最大化、费用最小化”而彻底开动脑筋，持续付出努力是非常重要的。正是这样的姿态才能创造高效益。

举例来说，假定现在销售为100，为此需要现有的人员及设备，那么订单增至150，按常理，人员、设备也要增加50%才能应付生产。

但是，这种“加法式经营”绝对不行。订单要增至150，需要提高效率，本来要增加五成人员，压到只增加两三成人员，以实现高收益。订单增加、销售扩大，公司处于发展期，正是搞合理化建设、提高效率、变成高收益企业千载难逢的机会。

可是，大多数经营者在企业景气时放松管理，坐失良机。“订单倍增，人员、设备也倍增”的加法经营很危险。一旦订单减少，销售降低，费用负担立刻就会加重，结果导致企业一落而成亏本企业。

构筑全员参与的经营体制

为了实施“销售最大化、费用最小化”，经营者必须建立一个管理会计系统，能够即时明确各个部门的业绩。构建这种能帮助提升各个组织的业绩的系统和体制，也是经营者的重要任务之一。

经营者愿望强烈、热情洋溢，付出不亚于任何人的努力，不断钻研创新，企业就能成长发展。

但在企业成长、组织扩展的过程中，实际的经营状况变得难以掌握，企业陷入困境，这种情形经常出现。所以，企业需要一种精致的管理体制，使得在组织扩大以后仍能及时把握企业经营的实际状况。

就是说，为了让企业经营坚如磐石，构筑一个精致的、能让全员参与经营的管理会计系统，必不可缺。为此，在京瓷创业后不久，我就煞费苦心构筑了这样的系统，这就是所谓的“阿米巴经营”。

“阿米巴经营”同一般财务会计不同，这是为了让经营者便于经营而使用的一种管理会计手法，“阿米巴”是由几个人至十几个人组成的小集团，京瓷现有1000多个这样的小集团，各个“阿米巴”的领导人就像中小企业的经营者一样，经营各自的阿米巴（详细参见《阿米巴经营》和《稻盛和夫阿米巴经营实践》，两本书都由日本经济新闻出版社出版）。

在“阿米巴经营”中，使用一种独特的指标来计算收支，就是计算出每个“阿米巴”每小时生产多少附加价值。简单讲，就是从每个“阿米巴”的销售额中减去所有费用，剩余的金额再除以当月的总工时所得到的数字。这样的一套体系，我们称之为“单位时间核算制度”。

到了第二个月的月初，京瓷就能依据“单位时间核算制度”，用“单位时间核算表”详细反映出各个部门截至上个月底的实绩。只要浏览这个“单位时间核算表”，哪个部门收益如何，有关情况就会一目了然。

另外，为将费用压缩到最小，在“单位时间核算表”上，费用科目会进行细分，比一般会计科目分得更细，根据现场的实际情况，构成所谓实践性费用科目。比如不用光热费这个大科目，电费是电费，水费是水费，燃气费是燃气费，将其中的项目分别列支。

因为这样做，从事实际工作的员工们就能很快理解，就能采取具体行动来削减费用。看了细分后的核算表，“这个月电费花多了”等，现场负责人就能清楚理解费用增减的原因，就能进行必要的改善。

看清了核算的情况，就能萌生创意

“阿米巴经营”在日航的重建中也发挥了重要的作用。到日航后，一方面，我努力改变经营高管和现场员工的意识；另一方面，我致力于构建适用于航空运输事业的管理会计系统。

因为我刚到日航上任，马上就感觉到日航在管理上的问题。当我问到“现在的经营实绩怎么样”时，经营的数字怎么也出不来，好不容易出来了，却是几个月以前的数据，而且只是粗略的宏观数字。再问到究竟由谁对哪项收益负责时，也没人说得清，责任体制完全不明确。

还有，航空业的利润出自飞行航班。当我问及各航线、各航班的收支状况时，他们更是一头雾水。到那时为止，日航从来没有考虑过管理体制，也没有思路。而实际上哪条航线、哪个航班的收益多少，都是一笔糊涂账。因此，许多航线持续亏损，却无人问津。

因此我认为，必须构筑一个管理系统，使各条航线、每个航班的收支状况一目了然，否则就不能提高整个企业的收益。

“阿米巴经营”不仅在京瓷和KDDI大显身手，而且已有数百家企业导入。我在日航构筑了阿米巴经营的体系，这样不仅可以迅速掌握各个部门、各条航线、各个航班的收支情况，而且可以以各阿米巴负责人为中心，动脑筋、想办法，增收减支，提高效益。

这样一来，各部门详细的经营业绩在次月就能出来，所有的员工都能看到自己部门的实绩，大家都能为提升本部门的收益献计献策。同时，每条航线、每个航班的核算情况在次日就能知道，就能按需求及时变换机种，或临时增加航班，这样的事情由现场人员就能判断实施。

用数字经营

另一方面，维修部门、机场服务部门等也尽可能把组织划小，以便各自对费用进行细致的管理。要让全员都了解费用明细。“还有没有浪费？”“有没有办法再提高一点效率？”集合众人的智慧，营造一个全员都能致力于改善经营的体制。

依据这一管理会计系统计算出各部门的数字，再以这些数字为基础，召开“业绩报告会”，把各部门、各子公司的负责人召集起来，让其各自发表本部门的实绩。我开始召开这样的“业绩报告会”。

每月一次的“业绩报告会”花两三天时间，从早开到晚。根据详细记载了各部门、各科目预定值和实绩值的庞大资料，只要从中找到我认为有疑问的数字，哪怕是交通费、光热费等细小的费用项目，我都会问：“为什么出现这样的数字？”彻底追究其原因。

在不断召开这种会议的过程中，用数字经营企业就变成了理所当然的常识。怎样努力去改善经营，今后如何提升核算效益，各个部门负责人都会像经营者一样思考，并用数据发表说明。现在日航的全体员工都能有效利用这个体制，提高核算意识，并为提升企业收益做出贡献。

为了成为高收益企业

在日本常有“中小企业像脓包，变大就破碎”

之类的搪揄之说，就是因为企业没有采用上述有效的管理会计手法。企业尚小时姑且不谈，变大后仍做笼统账，那么任何人都弄不清经营实态。

当然，一般的会计处理总要做，但不起实际作用，因为经营者从中看不清经营实况，无法及时采取有效措施，企业效益自然就上不去。

自京瓷创业以来，除了近年"雷曼冲击"后的一段时间之外，其利润率基本一直保持在两位数以上，有些年份的利润率甚至接近40%。

之所以能构建实现高收益的企业体质，原因不仅在于京瓷拥有其他公司无法仿效的独创技术，开发了高附加价值的产品。我认为，构筑并忠实贯彻了可以看清经营实况的管理系统，而且全体员工一心一意，共同追求"销售最大化、费用最小化"，努力追求这一经营的真谛，才是京瓷实现高收益的最大的原因。

要点

有没有被“销售增加，费用也增加”这一错误的常识误导？

有没有持续钻研创新，以实现“销售最大化、费用最小化”？

有没有趁着销售扩大的机会谋求高收益？

有没有构筑能够即时反映各部门业绩的管理系统？

员工们有没有提高核算意识，并采取具体的行动？

补讲

问题 1：
经营者日常要做的工作是什么？

答：

1998年，日本经济新闻社出版了我写的《稻盛和夫的实学》一书。出版后，日本许多公证会计师、财务部门等会计专家们寄给我许多信件，大致内容如下：

“这本书不仅通俗易懂，而且在内容上抓住了会计的精髓。不懂会计精髓的经营者实在太多了，我们很困惑。至今为止，不管我们如何解释，经营者们都不理睬。现在可以请他们读一读这本书了。”

创业当初，因为我既不懂经营也不懂会计，所以我想，不管怎样，“如能做到销售最大化、费用最小化，这就行了”。于是，我拼命努力实践这一条。当然，我实践的并不只是这一条。

后来，我学习了会计，把利润表中会计科的意思全部弄明白了，并在此基础上开展经营。在利润表中，首先有销售额，然后有各项费用。对于只要削减哪项费用就能增加利润，用加减法就能搞清，其实很简单。

利润表不是只给会计看的。为了让经营稳定，经营者必须经常关注利润表。但忠实地实行这一条的人意外地少。

我认为，经营就像操纵飞机。作为经营指标的销售额和费用，就如同飞机驾驶舱里仪表盘上显示的数值。

“这样有危险。因为高度下降了，要加大马达的输出功率，提升高度。”因为飞机的状态全在驾驶舱里的仪表盘上显示出来，所以用心看这些数字，对飞机加以调整，就是飞行员的责任。

就是说，每天不看利润表的经营者，就好比不看仪表盘而操纵飞机的飞行员。这样的话，连飞机飞向何方都不知道。

问题 2：
为什么企业一定要实现高收益？

答：

为了追求从业人员物质和精神两方面的幸福，在企业经营中，确保盈利是必需的条件。再次认真思考这个问题，也就是再次认识经营者的使命。

“为什么企业一定要实现高收益？”关于这个问题，我想举出六条理由，并依次说明。

（1）强化企业的财务体质。

（2）在今后相当一段时期内使企业经营处于稳定的状态。

（3）以高分红回报股东。

（4）通过提升股价回报股东。

（5）增加事业发展的选项。

（6）通过企业并购，谋求事业的多元化。

第一个理由：强化企业的财务体质。

为了归还创业初期的贷款，京瓷以高收益为经营目标。但事实上，京瓷在贷款全部偿还以前，因为订单快速增加，又需要新的设备投资，所以又接受了另外的银行融资。在创业后的一段时期内，京瓷还没有充足的内部留存。

但当时，在还款计划方面，我们有了一点智慧："最初借款这样归还；另外，新的设备投资获得的融资，通过别的途径那样归还；后面继续发生的其他设备投资则利用融资这样归还……"把每个项目的贷款、还款联系起来考虑，好像组编一辆前后车厢连贯的列车。而且，对每次新设备投资需要增加的融资项目进行管理，好比铁路管理员制定安全运行时刻表一样，让多趟列车在铁路上有序行进。之所以能够进行这种管理，就是因为在我的头脑中有尽快归还贷款的强烈意识。

通过持续地获得高收益，京瓷在创业10年之后，基本上实现了无贷款经营。而且在那以后，京瓷依然持续地快速成长发展，但并不是以贷款额随着销售额增长的那种不健全的方式，而是在没有贷款的状态下，每年都不断提升内部留存，同时实现成长发展。

就是这样，高收益强化了财务体质，使企业的稳定成长发展成为可能，正因如此，企业必须实现高收益。

第二个理由：在今后相当一段时期内使企业经营处于稳定的状态。

对于员工们，对于高收益的必要性，我做了如下说明：

"高收益所体现的，就是应对未来人工费等费用的上涨，消化今后一段时期内成本上升的能力。例如，如果有15%的利润率，那么即使每年人工成本增加3%，哪怕不采取任何特别措施，企业也有余力承受5年的工资上涨。"所谓高收益，就是承受今后费用增加的能力。

还有，在因市场形势恶化带来销售额下降的情况下，企业如果保持高收益，就具备了承受这种形势变动的耐力，企业也不会轻易跌入赤字。从这个意义上说，高收益也是必要的。

实际上，在过去的石油危机和日元升值危机，以及之前发生的雷曼金融危机等情况下，在销售额大幅下降的时候，从整个年度决算来看，京瓷也从没陷入过赤字，而是顺利地度过了萧条期。

第三个理由：以高分红回报股东。

做出了利润之后，其中大约一半缴纳税金，缴税后剩下的利润留在公司里。如果用作内部留存，这些利润就可以偿还贷款，或用于设备投资。如果没有这种必要，公司就可以给股东分配更多的利润。

这与资本主义的思维逻辑是一致的。对于获得高收益的公司，纳税后剩余的利润可用于高分红。而且，这种分红所得可以远远超过银行存款利息。就是说，买进高收益企业的股票，就能获得更高的分红回报，这本来就是股份公司应该追求的目标。

第四个理由：通过提升股价回报股东。

企业如果实现了高收益，就可以用高分红来回报股东。如果业绩持续向好，企业还可以通过提升股价来回报股东。如果企业的运营能力、稳定性以及未来的发展性能获得好评，那么这种评价一定会在股价上体现出来。只要股价上涨，就会对股东有利。

第五个理由：增加事业发展的选项。

企业如果实现了高收益，那么在支付了税金以后，仍能留下充裕的利润。如果能用好由此产生的富余资金，企业就有利于开展多元化经营。

比如，就京瓷而言，我考虑到，如果仅仅依靠精密陶瓷这一项事业，那么将来公司的发展会受到限制。所以，从20世纪70年代初期到中期，京瓷的事业接连向切削工具、再结晶宝石、人工牙根、太阳能电池等不同领域、不同行业展开。这种事业的多元化，对现在京瓷的销售额贡献巨大。但当时之所以能够开展这些新事业，都要归功于京瓷因高收益而获得的充裕的资金和强大的财务体系。

为了能够长期成长发展，企业必须开辟新的事业领域。但是，开辟新事业的道路不可能总是一帆风顺的。特别是开始时，几乎都会出现赤字。企业要负担这个赤字，并将新事业继续下去，也需要保持高收益。

如果本业是低收益，企业没有利润，却又开启了新事业，就会导致赤字的进一步扩大，最终甚至置企业于死地。这样的例子不胜枚举，但这么做是不对的。正因为本业是高收益，企业才能踏上开拓新事业的荆棘之路，并在这条路上坚持走下去。

第六个理由：通过企业并购，谋求事业的多

元化。

如果长期维持高收益，不断增加内部留存，能够自由使用的现金存款就会增加。这样企业就可以使用充裕的自有资金，使得并购企业或事业变得更容易。这是因为，如果储存了足够的自有资金，企业就不需要从银行借钱，就不需要承担包括利息在内的风险。

第二电电的创业就是这样的。当然，进入通信行业不属于企业并购。但是，一口气投入大量资金，一下子将事业展开，从这个意义上讲，同M & A（企业并购）相类似。当下定决心参与其中，并在京瓷的董事会上征求大家意见的时候，我说了下面一段话：

“虽然这是一项高风险事业，但我无论如何都想要干。即便这项事业无法顺利走上轨道，给京瓷带来损失和负担，我仍然请求各位允许我为这项事业付出1000亿日元的代价。如果花费了1000亿日元，事业仍然不能走上轨道，我就会干净利落地放弃这项事业，从中撤退。”

如果第二电电这个事业走入死胡同，提供资金保证的京瓷就必须承担损失。假设损失1000亿日元，那么，即使京瓷在本业中做出200亿日元的利润，仍然会使决算表上出现800亿日元的庞大赤字。

但是，当时的京瓷已经拥有1500亿日元的内部留存，即使1000亿日元打了水漂，也不过是在过去储存的资金中减少1000亿日元，不会导致公司破产。京瓷仍然会保有500亿日元的现金，而本业仍然保持高收益的态势。

就是说，只是在一年的决算中出现了庞大赤字，从第二年开始，一如既往，仍然能够做出15%乃至20%的利润。这就完全不会动摇京瓷的根基，不会影响京瓷的发展前景。

相反，如果京瓷只是低收益企业，在过去花了好几十年的时间，好不容易才积累了1500亿日元，结果会怎样呢？那么，影响就不限于这一年出现的庞大赤字，而且往后仍然会拖京瓷的后腿，甚至影响京瓷公司的本体。所以，如果是低收益企业，无论你燃起多么崇高的理想，也不可能痛下决心，参与新事业。

能够创建第二电电，参与通信事业，不是因为我具备勇气，而是因为京瓷通过高收益，积累了内部留存，做好了准备。

被逼到相扑台的边缘时再使出全力，这样的经营会很危险。不管什么时候，我们都要置身于赛台正中，在安全的状况下确保取胜，必须以此为目标。

我的行为，乍看起来，好比堂吉诃德挑战巨大的风车，给人一种莽撞无谋的印象。大家或许都认为："实在是太危险了！"然而，对我来说，那不过是"在相扑台的正中"发力而已。

就像这样，高收益才使得大胆的事业的拓展成为可能。

以上就是必须实现高收益的六条理由。但

这并非是我一开始就理解的内容，现在回过头来看，从创立京瓷开始，我遭遇了种种问题。在痛苦烦恼中，我逐渐确信了企业经营必须要实现高收益，并持续加以实践，直到今天。

首先，请务必在心中重复地强调：“一定要有高收益！”抱有渗透到潜意识的强烈愿望，并相信高收益一定能实现。“高收益太难了”“现在这个行业做不到”，如果这么想想，高收益就不可能实现。无论如何都要实现高收益！为此，思考必须怎样改良改善，以及必须做哪方面的努力。一定要实现高收益，朝着这个目标，每天都付出不亚于任何人的努力，这是很重要的。

第六条 定价即经营

——定价是领导者的职责。价格应定在客户乐意接受、公司又赢利的交会点上

06

“一碗面条怎么卖？”其中凝结着经营的精髓

以前，在选拔京瓷董事时，我认为他们必须是理解商业原点的人才。为此，我一度考虑出个考题：“如何经营夜间面条铺？”

把购置面条铺设备所需的资金交给董事候选人，让他们做面条买卖，几个月后，看他们赚了多少。我用这个办法通过竞争来选拔人才。为什么想要出这个考题呢？因为如何做面条生意，包含了经营的一切精髓。

比如，为了做出一碗面条，首先，汤汁用什么做，又如何熬制？用机制面还是手拉面？作为菜肴的鱼糕切多厚，放几片？葱花从哪里买？……有许许多多选择，而这些选择都会直接反映到成本中去。就是说，小小一碗面条，做法可以千差万别，经营者不同，成本结构完全不同。

其次，面条铺设在哪里，营业时间怎么定，开在闹市以醉酒客为对象，还是开在学生街瞄准年轻人，如何抉择，体现当事人的商业才干。

在这些条件决定以后，如何定价呢？如果在学生街，就要薄利多销；如果在闹市，不妨做高档的美味面食，有高级感，价高，卖得少些照样赚钱。

就是说，如何做面条生意，凝缩了经营的各种要素。仅如何定价这一条，就可以判断出对方有无商业才干。因此，我一度想用这道考题作为选聘董事的关卡。虽然后来没有实际落实，但我坚信定价就是定生死。

要看透顾客乐意付钱购买的“最高价格”

给产品定价，有各种考量。刚才我已提到，包括降价、薄利多销，以及提价、厚利少销。价格设定有无数种选择，它正是经营者经营思想的体现。

但价格决定以后，究竟能卖出多少量，能获得多少利，这样的预测极其困难。定价太高，产品卖不出；相反，定价过低，产品虽然会畅销，却没有利润。总之，只要定价失误，就会给企业带来很大的损失。

必须在正确判断产品价值的基础上，找到单品利润与销售数量乘积为最大值的那一点，据此定价。我认为，这一点应该是顾客乐意付钱购买的最高价格。

真正能看清、看透这一价格点的，不是销售部长，也不是销售经理，而是非经营者莫属。这是定价的关键。

与“采购”和“降低成本”联动思考

但是，即使产品以该价格卖出了，这也未必意味着万事大吉。产品虽然以顾客乐意的最高价格出售了，却仍没获利，这种情形屡见不鲜。问题在于：在已经确定的价格之下，怎样才能挤出利润。

以生产厂家为例，如果跑销售的只知道以低价获取订单，那么制造部门再辛苦也无法获利，因此必须以尽可能高的价格销售，但是在价格确定后，能否获利，就是制造部门的责任了。

几乎所有的厂家都以成本主义来定价格，即以“成本加利润”来决定售价。但在激烈的市场竞争中，卖价已经由市场决定了。所以，成本加利润所定的价格，会因为偏高而使产品卖不动，从而不得已而降价，于是利润泡汤，厂家很快就陷入亏损。

因此，我反复对技术开发人员这么说：“你们或许认为，技术员的本职工作就是开发新产品、新技术。但是，我认为，这还不够。只有在开发的同时认真考虑如何降低成本，才有可能成为一个称职的、优秀的技术员。”我强烈地敦促他们努力降低成本。

必须在深思熟虑后定下的价格之内，努力获取最大利润。为此，“经营上的努力”必不可缺。

“材料费、人工费、各类费用必须花多少”这一类固定观念或常识要统统抛开，在满足规格、质量等一切客户要求的前提下，必须千方百计地彻底降低制造成本。

这时候要紧的是，“定价”与“采购”和“降低成本”必须联动。“定价”不可孤立进行，就是说“定价”意味着对降低采购成本及生产成本负责。

就是说，在决定价格的瞬间，必须考虑降低原料的采购价格和制造成本。反过来讲，正因为对降低成本心中有数，才能正确定价。价格之所以要由经营者亲自决定，这也是原因之一。

另外，我认为，定价是否合理还直接体现经营者的人格。当竞争激烈时，性格软弱的人，就会想以降价取胜。但是，这么做往往亏本。反过来，性格强硬的人，则会坚持以高价出售，结果却完全卖不动。所以，在定价时，需要基于这种对人格的思考，同时也必须考虑“如何努力改善以削减成本，以便在较低的价格水平上仍能获取利润”。

要点

你是否理解定价是经营者的工作?

你是否看透顾客乐于购买的“最高价格”?

你是依据成本加利润的方式定价的吗? 以市场价格销售是否能获取利润?

你有没有考虑“定价”与“采购”和“降低成本”三者联动?

补讲

问题 1：
所谓市场竞争中的定价是什么？

答：

大型电器厂家的研究部门提出要求：“现在我们开发的新产品，需要这样的陶瓷零件，京瓷能做吗？订单有1万个，请你们报价。”这时候，如果这个产品只有京瓷能做，那就没有问题。如果同行业者也能做，客户当然也会向别人询价，这就有了竞争。

下面是京瓷尚处于小企业阶段时发生的事。京瓷的销售经理计算了成本，做好报价单，然后去见客户。“报这么高的价格，我们不会给京瓷下单，其他两家公司的价格要比你们低得多。”客户这么说。那么低多少呢？回答是低两成。销售经理慌忙回到公司，报告说：“同行业两家公司报价比我们低20%。”

最初，销售经理还回到公司如此这般地汇报。但到了后来，他就自作主张，轻易降价，“我们公司也给这个价格”，自说自话地接受了客户的低价格，回到公司。当时，据说此人很有手腕，拿到了许多订单，受到了很高评价。但我把他叫到跟前，对他这么说：

“确实，做销售的，获取订单就是工作。但请你想一想，如果价格比任何一家都低，拿到订单不是理所当然的吗？这不是你的能力，不过是随意降价取得的订单。站在京瓷的立场上，希望用尽可能高的价格获得订单，但报出高价，客户会从别家买便宜的，我们就会失去订单。

“问题是，提出一个高价格，然后向下降，在这个过程中，如何抓住客户认可的‘最高价格’，这是关键。低于这个价格，订单要多少有多少。要获取订单，就必须知道客户愿意下单的

‘最高价格’。”

在与这位销售经理讲这番话的时候，我再次意识到，定价是多么重要。像艺术一样，定价是非常细致的工作，不允许有丝毫差错。一旦失去订单，销售额立刻就会减少。

定价就是经营本身。定价失误导致经营失败，定价就是这么重要。

问题 2：
产品对于客户的价值，如何才能看透？

答：

当开发的新产品在还没有出现竞争的时候，定价是特别困难的。最初，我也想按照“成本加上适当利润”的想法来定价。但某个时刻，我突然对自己说：“稍等一下！”我改变了自己的想法。

精密陶瓷的生产过程要经过多道严格控制

的制造工序，它具备各种优良的特性，是附加价值很高的产品。但因为原料相对廉价，所以采用“成本加上适当利润”的方法决定价格，就必然会产生一个低价格。但是，如果使用京瓷开发的产品，客户能够获得很大的附加价值，那么，客户用较高的价格来购买我们的产品，应该也是合情合理的。如果客户使用京瓷的产品获利丰厚，那么，我认为，请他们用与这种价值相对应的价格来采购，应该是可以的。

于是，我对销售人员说：“尚没出现竞争的新产品，不采用‘成本加上适当利润’的方法，用该产品具备的价值去推销吧！对于我们开发的产品，虽然包括材料费和加工费在内的成本不高，但该产品具备比这个成本高出很多的价值。产品的价值，由客户使用它产生了多大的附加价值来决定。因为这个产品能够产生很大的附加价值，所以就要以相应的价格去卖。”

然而，对于客户而言，究竟产生了多大的附

加价值，我们没法计算。于是，我这么说：

“在去推销这款产品的时候，开始时不要谈价格。首先说，‘我想这款产品对贵公司应该很有帮助，与你们的这项用途正好匹配’，先让客户看产品。即使客户看了很满意，说‘这个好，我们要用’，此时也不要急，客户会问‘这值多少钱’。虽然忍不住想报价，但是还得强行忍住，先问客户‘你们能接受什么价格’。

“客户马上就会计算，‘这么好的产品，我们用于自己的这款产品能卖这么多’，然后打一个折扣，说‘如果是这个价格，我们就会买’。客户或许会想，他报的这个价格，我方未必接受。价格交涉就从这里开始。”

因为我们无法计算新产品的价值，所以询问客户：“你们能接受什么价格？”摸清产品对客户的价值，由此推进商业谈判。这才是智慧，要用这个办法来决定新产品的价格。

问题 3：
所谓与营销战略联动的定价是什么？

答：

我觉得不可思议的是，从第二次世界大战后美军在日本驻留时开始，一下子就流行起了“可口可乐”。在我初中一年级时，战争结束了。我第一次喝到可乐，大概就是在那个时候。当时，我还是个孩子，感觉可乐“与汽水没有多大区别，味道还有点怪，并不可口”。

然而，当时可乐的价格高得让人无法相信。虽然日本有好喝又便宜的汽水，但为什么价高，味道又怪的可乐反而会如此畅销？当时我就在思考这个问题。

在节假日的夜店里，年轻的小伙们把可乐瓶放在很粗的冰柱上，把瓶塞嘭嘭拔掉，销得热闹。孩子们要喝可乐，家长就会买，一起畅饮的光景历历在目。可乐的瓶体很厚，分量很少，但可乐的价格是汽水的三四倍。为什么可乐会定这么高的价格呢？

我是这么想的：因为可口可乐设定了高价，就可以雇用打工的学生，给他们佣金。就是说，不是“因为价格高卖不掉”，而是“正因为价格高，可口可乐就付得起佣金”。可口可乐采用的是这样一个战略。

当时，即使在乡间的水果店，在“某某商店”的招牌旁边，也挂着可乐广告看板，随处可见。能够挂出这样的看板，说明可口可乐有足够的利润可以支付广告宣传费用。这就是定价战略成功的样板。

还有一个类似的案例，就是“养乐多”。让养乐多普及开来的松园尚巳先生，是以索尼的盛田昭夫为首的我们这帮经营者的伙伴之一，我们平时就经常相聚。

养乐多的容器很小，但价格不低，使用京都大学的代田稔先生发现的乳酸菌母本，让乳酸发酵，产生的乳酸菌有整肠作用，“对肠胃好处大”，这是卖点。“养乐多女士”推着自行车、手推车沿街叫卖。

推着自行车、手推车叫卖，也能获得不菲的收入，所以“养乐多女士”拼命推销。之所以能付得起这个佣金，是因为养乐多产品定价较高，其中包含了营销费用和促销费用。采用这样的商业模式，养乐多席卷日本全国。

定价并不是“只要便宜就行”。因为营销战略不同，结果就可能大为不同。定价就是经营的本质。

第七条

经营取决于坚强的意志

——经营需要洞穿岩石般的坚强意志

07

无论如何，目标必达

我认为，“所谓经营就是经营者‘意志’的表达”。就想这么做，一旦确定目标，无论发生什么情况，目标也非要实现不可，这种坚强意志在经营中必不可缺。

但是，不少经营者眼看目标达不成，或寻找借口，或修正目标，甚至将目标全盘撤回。经营者的这种轻率态度，不仅使目标的实现变得根本不可能，而且会带给员工很大的消极影响。

对此事的深刻感受，是在京瓷上市之后。企业一旦上市，就必须公开发表公司下一期业绩预告，对股东做出承诺。但许多日本经营者往往以经济环境变化为理由，毫无顾忌地将预告数字向下修正。

但是，在同样的经济环境下，有的经营者能出色地完成目标。我想，在环境变动频繁又剧烈的今天，经营者如果缺乏无论如何也要达到目标、履行承诺的坚强意志，经营将难以为继。

企业的经营不能一味“迎合”状况的变化，否则，即便是已经下调过的目标，遭遇新的环境变动，也会不得不再次下调。这样一来，就会失去投资者和企业员工的信赖。既已决定“要这么做”，经营者就必须以坚强意志贯彻到底。

把“经营者的意志”转变为“全体员工的意志”

这种时候，关键就在于获得员工的共鸣。经营目标最初产生于经营者的意志，但随后的关键就在于，是否能让全体员工愿意“一起干”。换言之，体现“经营者意志”的经营目标必须转变为“全体员工的共同意志”。

员工一般不肯率先提出让自己吃苦的高目标，

所以经营目标还是得通过经营者自上而下来决定。但光是自上而下，员工就不愿意追随。经营的高目标也必须由员工自下而上提出。这就是所谓“把经营者的意志变为员工的意志”。

方法一点都不难，比如在平时就要常常激励大家:“咱们公司前景光明，虽然现在规模还小，但大家可以期待将来的巨大发展。”以此打好基础。此外，要举办“空巴”等把酒言欢的聚会，一边推杯换盏，一边说:“今年我想把营业额翻一番。”

这时，身旁坐着办事差劲却善于揣摩上司心理的家伙，让他们接话：“社长，说得对！干吧！”于是，那些脑子好使、办事利索但冷静过度的人就难以启齿。不然，一听高目标，他们就会泼冷水：“社长，那可不行，因为……”他们会讲一大套行不通的理由。

在这种情况下，大家都唱一个调子。甚至比社长提出的目标更高的目标，往往就在全员赞同之下得以通过。

经营也是“心理学”。即使是很低的目标，若让“冷静派”先发言，他们也会说“太难，不可能完成”。气氛消沉，经营者所期望的高目标就可能落空。

以拼死的态度投入经营，表达坚强的意志

我认为，一定要设定高目标，然后向高目标发起挑战。当然，如果目标过高，“前年未达成，去年未达成，今年仍未达成”，这种状况持续的话，高目标就成“水中月，镜中花”，就会使得今后谁也不会再认真理会经营目标。

话虽然这么说，但如果总是仅仅提出比去年略高的目标，也无法激发员工士气，公司会失去活力。

下面的办法多用不好，但在京瓷规模还小的时候，我采用过。

“瞄准月销售9亿日元的目标。如果达成，全

员去中国香港旅游；如果达不成，全员去寺庙修行。”——在目标完成、完不成的微妙时刻，我这样宣布。

结果大家一阵猛干，出色完成任务。于是，我们租了包机，全员赴港三日游。我借此又与员工增强了一体感。

不是简单下命令完成目标，而是要鼓励员工的士气，调动他们的积极性，同时与员工共有经营目标。为了实现目标，各种创新创造是必不可缺的。

当然，重要的不是手腕，“无论如何都要达成目标”，要借用一切机会，直率地将经营者炽热的愿望传递给员工。

在京瓷规模还小的时候，有一年年终，我感冒发高烧，打着点滴，但仍连续参加所有部门的“忘年会”50多次。这是因为我希望通过这样的机会，阐明我对明年事业的展望与构想，更重要的是，表达我非达成目标不可的坚定意志，以求获得全体员工的理解和协助。

日航的重建也是一样的。尽管我已超过80岁高龄，但每周的几乎所有时间都住在东京的宾馆里，中午吃烤鱼便当，晚上就在便利店买几个寿司凑合。我从早到晚连续开会，集中精神，追究具体的经营数字。看到我拼命工作的样子，日航的员工们应该切实感受到了我无论如何都要实现日航重建计划的坚定意志。

甚至要用“拼尽全力”这几个字才能贴切表达，就是说，为了与员工共有表达经营者意志的经营目标，经营者拼命投入工作的姿态最为重要。只要能与员工共有经营者的坚强意志，只要能燃起大家的斗志，企业一定能成长发展。

要点

不管什么情况，目标都必须要达成，这种“坚强的意志”你具备了吗？

以环境变动为理由，向下修正目标，甚至撤回目标，这种事你做过吗？

经营目标为全体员工所共有，大家都决定“实现它”，做到这一点了吗？

“拼死也要达成目标！”大家都下定决心了吗？

朝着高目标，员工们的斗志燃起了吗？

补讲

问题 1：
什么是决不放弃的坚强意志？

答：

说到“经营取决于坚强的意志”，常常会被误解为后面第八条“燃烧的斗魂”中的那种勇猛的、严酷的、粗野的斗争心。但是，我说的“坚强的意志”，是指从内心涌起的“静静的斗志”。

换句话说，为了成就事业，必须具备“决不放弃”的精神。我认为，这同体育比赛中常讲的“never give up”是同义语。

我一直对员工们强调，“在认为不行的时候，正是工作的开始”。“不行”通常意味着“结束”，但这不对。在觉得不行时，正是“开始”，我对自己也经常这么说。

举个极端的例子。创业不久，我站在营销第一线开拓客户。但是，当时京瓷只是京都的一家小微企业，我们把京瓷的产品拿给客户看，如果这是同行企业在做的产品，客户就会说“已经有人供应”，或者说“我们有长期的供应商，新公司来推销，我们不会下单”。客户就以这样的理由拒绝我们。

其中，最让人窝火的一次是我们去某家大型电器厂家推销时发生的事。我想与他们负责真空管的工程师见面，但我对他们一无所知，既不懂事前应该预约，也不懂要请人介绍，是突然拜访。结果我们被门卫拒绝入内，吃了个闭门羹。

接连去了几次，我们才总算见到了那里的工程师。但他不客气地说：“你不知道本公司的关联企业吧。我们的陶瓷零部件都是从关联企业采购的。毫无名气的企业突然来访，我们不可能购买。”

仅靠努力无法解决的问题像巨大的岩石耸立

在面前——我有这种感觉。一起同去的年轻的销售员失望地说，“果然不行啊”，一副想放弃的样子。

但我用坚定的口气说：“遭受拒绝时，正是工作的开始。思考如何打开这种困难的局面，工作就是从这里开始的。”我也激励遭受挫败的自己：“一开始就顺风顺水，不吃任何苦头，哪来这样的好事。工作从被拒绝时开始。”同时，我决不放弃，坚忍不拔，顽强努力，并且要求员工也要采取这种态度。

这样做的结果是，从这家大型电器厂家开始，京瓷接二连三地开拓新客户、新市场，都获得了成功。

问题 2：

怎样才能做到不被外界情况左右，持续保持坚强的意志？

答：

描绘梦想，“想做成这样”，如果只要抱有强烈的愿望就行的话，那么优秀的企业应该层出不穷。但事实上，这样的企业数量很少，这是为什么？无论是哪家企业的经营高管，都会有“想做成这样”的愿望，都想把公司做好。问题在于，虽然有愿望，但实践不了。

例如，有“想要开发新产品”这个愿望。如果新产品不能尽快开发出来的话，企业就会失去市场，事业的存续就有危险，要抱有这种危机感。但是，“想要开发新产品”这个愿望仅仅是用头脑考虑出来的呢，还是从心底涌出的，是灵魂的呼唤呢？

如果仅仅是用头脑考虑的话，那么愿望只会停留在“如果能够做到的话就做”这种程度上。因此，在企业面临没有新产品开发所需要的技术人员，或者需要很大的设备投资的难题时，这些不利条件全都由头脑接收。最后以常识和合理性思考的结论是："想要开发这个新产品，但因为有各种各样的问题，所以不可能成功，这点总算理解了。"

用头脑接收，越是努力去理解，越是会很自然地导致这样的结论："想要这么做的愿望，其实是不可能实现的。"我用自己创造的词汇，把这种人称为"状况应对型的人"。

与此相反，对于内心深处具备"想要这么做"的强烈愿望的"原理原则型的人"，因为他的愿望达到了信念的高度，所以他思考的是："无论遭遇多么艰难困苦的局面，也要千方百计去克服它，将愿望变成现实。"

实际上，当我们开始这么想的时候，拼命努力的精神以及钻研创新的行为就会应运而生。当认识到"情况对我不利"时，你会因为觉得自己的愿望轻率莽撞而放弃呢，还是在下一个瞬间激励自己，鼓足勇气，为克服困难、解决问题而动脑筋想办法、拼命努力呢？采取不同态度，结果有天壤之别。

在人生和企业经营中取得卓越成果的人，与无所作为、平庸平淡的人之间的差别，其实就在这里。我希望大家都成为“原理原则型的人”，即从灵魂中迸发出信念的人。

问题 3：
坚强的意志是从哪里产生的？

答：

我认为，在经营企业的过程中，“组织领导人无法让收支取得平衡，做不出黑字，这是不正常的”。当然，某项工作在刚开始的两三个月出现赤字，也许情有可原，但干了半年，依然是赤字，这简直不可思议。我认为，只要具备坚强的意志，一定能够让企业扭亏为盈。

其证据是，精密陶瓷的零部件每年都会降价，但每年的核算结果都是盈利。例如，作为电子零件的陶瓷电容器曾经获利丰厚，但因为需求的急剧减少和竞争的激化，价格连降几成，收支无法平衡，企业出现了很大的赤字。不仅日本国内的生产工厂持续了一年以上的赤字，而且把生产基地转移到京瓷在中国上海的工厂，最初也亏本。

但是，我们决不气馁，在扩大销售、降低成本方面不断努力，现在已经转为黑字，而且做出了10%以上的利润，甚至已经确定了进一步提升利润率的目标。

同繁盛期相比，在某个时段，电容器的价格下降了一半，生产成本超过价格，我们落入谷底，甚至认为生产电容器已经不划算了。但是，我们再次从谷底攀爬，已经瞄准了利润率超过10%的目标。

就是这样，日元急剧升值，产品价格每年大幅下落，在如此苛刻严酷的经营环境中，为了不断做出利润，坚强的意志必不可少。所谓“坚强的意志”，大家可能会将其想象为一种“斗争心”。但是，这种场合的“坚强的意志”，是在相信可能性的基础上生发出的“内在的斗志”。

举下面的例子或许不妥。据说，法兰西军人拿破仑·波拿巴曾留下自信满满的话：“在我的辞典里没有不可能这个词。”我不会说拿破仑所说的这种桀骜不驯的话，但是，如果要说到我自己的坚强意志从何而来的话，那是因为在我的内心中，存在着相信事情有成功的可能性的乐观的思想。

就是说，相信“有可能性”，是必要的。即使大家都认为“已经不行了”的时候，你也要相信“绝对有可能”！正是因为从内心相信这一点，坚强的意志才会涌现。所谓“坚强的意志”，是从对可能性的相信中产生出来的。

只要相信可能性，那么，即使感觉山穷水尽，也会转念，“办法总是有的”，想方设法，竭尽智慧。“怎么做才能打开局面”，“过去的方法行不通，应该有新的更好的方法”，我们就会这样拼命思考。

“如今的经营环境太严酷了，要做出利润太困难了”，这是一种态度。而另一种态度是，相信“应该有成功的可能性”，积极思考克服严重困难的具体方法。这两种不同的态度所导致的结果迥然不同。坚强的意志，与相信可能性、不断钻研创新之间，是一种相辅相成的关系。

人的智慧，人的意志，真的非常了不起，具备惊人的力量。只要有足够的干劲，干什么都能成功。这表明人具备不可思议的潜力。认为“已经不行了”，所以彻底放弃时才叫失败。“一定能杀出一条血路”，只有具备这种坚强意志的人，才能走上成功之路。

第八条 燃烧的斗魂

——经营需要激烈的斗争心，其程度不亚于任何格斗

08

决不认输

我认为，格斗场上所需要的“斗魂”，在经营中也必不可少。脾气太好、架也没吵过的人，应该趁早把社长的位置让给更有斗争心的人。

不管说得多么好听，经营毕竟是企业之间激烈的竞争。哪怕只有两三名员工的小企业，如果经营者缺乏燃烧般的“斗魂”，不能为保护员工而发挥昂扬的斗志，也将必败无疑。

经营者首先必不可缺的就是“决不认输”的激烈的斗志。当年，在严酷的市场竞争中，面对看起来要输的京瓷员工，我激励道：“如果向后退，我就用机枪扫射你们，反正逃也是死，不如抱着必死的精神向前冲！”市场竞争就这么激烈。

不可败给严酷的环境

但我所强调的“斗争心”，不仅仅是指不能败给竞争对手。在企业经营中，不管你怎么战胜了你的竞争对手，不管你如何努力想把企业做得完美无缺，都无法避免日元升值等经济变动，以及国际纷争，乃至自然灾害，等等，各种各样无法预测的变动因素会接踵而来。

当然，这类经济变动以及天崩地裂的灾害，并不是经营者的责任。但是，以这些变动和灾难为借口，轻易允许业绩下降，是不行的。要超越这些不可预测的事态，谋求扩大事业。做不到这一点，企业绝不可能成长发展。

京瓷也是这样的，我们至今走过的道路绝非平坦。自京瓷创业以来，因受到“尼克松冲击”，日元升值，日元与美元之间由固定汇率制转为变动汇率制；“石油危机”引发空前的经济萧条；半导体、汽车作为契机引发紧张的日美贸易摩擦；“广场协议”后，日元剧烈升值；泡沫经济后，市场长期低迷；“雷曼冲击”引起世界规模的金融动荡；以及近年来欧洲各国的财政危机引发经济衰退；等等。巨大的经济变动之波一次又一次向日本的产业界袭来。

许多企业在这种变动的激流中颠簸翻滚，或者衰落，或者被淘汰出局。但是，京瓷一边从正面迎击市场变化的浪波，一边不断成长，持续提升收益。

原因无非是我自己以及继承我工作的京瓷的经营层，都以“决不服输”的强烈的斗志，也就是所谓“燃烧的斗魂”去经营企业，不管遭遇怎样的市场变动都决不后退，不断努力，不断钻研创新，实现企业的成长发展。

不为市场或经济的变动而忽喜忽忧。无论经营环境如何严峻，只要怀有斗争心，持续付出不亚于任何人的努力，必能开拓前路。面对企业所处的严峻的经营环境，决不屈服，决不认输，定要实现企业的成长发展。这也是“斗争心”的重要内容之一。

赌上性命，守护员工和公司

此外，这个“燃烧的斗魂”中还有一层意思，就是像母亲面对孩子时所抱有的、基于爱的温暖“斗魂”。

例如，当猛禽突袭幼鸟时，母鸟奋不顾身，冲向强大的敌人。为了拯救自己的孩子，即使是身体弱小的母鸟，也会突然表现出惊人的勇气和不可思议的斗志。

我认为，经营者在履行使命的时候，少不了这样的斗魂。一个人平时性格柔弱，连吵架都不会，根本看不出他有什么斗魂。然而，他从成为经营者那一刻起，为了保护广大员工，就会挺身而出。没有这种气概，经营者就不可能得到员工们由衷的信赖。

这种英勇气概，来自强烈的责任感。无论如何也要保护企业、保护员工，这种责任心，使经营者勇敢而且意志坚定。

现在的日本经营者，根本谈不上抗御外敌、保护企业。相反，很多经营者只知明哲保身，蝇营狗苟。在企业发生丑闻后，经营者自己不负责任，却叫部下引咎辞职，这种情况经常发生。我认为，这是因为选错了领导人。

在经济变动等变化面前，必须要有决不认输的气概，“就是拼上性命也要保住员工和企业”的责任感，只要这样的人成为经营者，那么不管什么时代，企业都一定能够成长发展。

要点

决不认输的斗争心，“燃烧的斗魂”，你具备吗？

不输给竞争对手，不屈服于严峻的经营环境，这种斗志你拥有吗？

不败于市场变动，通过不断努力、不断创新，追求成长发展，你是这么做的吗？

不管什么风险来临，守护员工的责任，你尽到了吗？

不尽经营者的责任，汲汲于明哲保身、蝇营狗苟，你是这样的人吗？

补讲

问题 1：
所谓战胜自己的斗志是什么？

答：

在拳击台前排看过拳击比赛吧。激烈的搏斗就在眼前。当一方击中另一方脸部或身体时，会发出可怕的声响，另一方脸上皮肤破裂，鲜血飞溅，溅到对方身上，溅到四周。这是斗志与斗志激烈的正面交锋。

有的选手一登上拳击台，就是一副大大咧咧、目中无人的样子。这种人本来就具备粗野的斗志。但普通的拳击运动员不是这样的，据说登上拳击台时，他们会感觉双腿发软。特别当对手是世界冠军级别的强敌时，生出恐惧心是理所当然的。

据说，在这种比赛中，最重要的就是要克

服登上拳击台时涌起的恐惧感。他们每天都进行激烈的打斗练习，似乎已经习惯，可一旦进入比赛，仍会产生恐惧感，双腿发软。

正常人就是这样的。而不产生恐惧感的人，往往是极为蛮横的人。这种人在具备蛮勇的同时，也难免有粗疏之处。产生恐惧感、腿会发软的人，反而是慎重的人，他们的防御很到位。所以，不具备蛮勇的普通人，在鼓足勇气、振奋斗志投入战斗时，反而更强，更容易获胜。

在经营企业时，与对手竞争也好，解决与客户之间的纠纷也好，开拓事业也好，需要应对各种各样的局面，经历“修罗场”。这时候，无论如何都会产生恐惧感。“真的能往前走吗？”有时腿会颤抖。为了克服这种心理，“切！这算什么！”这种藐视困难的斗志必不可缺。第七条中“坚强的意志”是一种内在的精神，而这时需要的是外在的、燃烧般的斗魂。

问题 2：

用美好的心灵去经营企业的话，斗争心就不需要了吗？

答：

基于优秀的人格、卓越的人生观去处理各种问题，就会打动对方的心，对方就会回报以同样的态度。作为经营者，必须思善行善，努力达到能够感化和改变包括员工在内与公司相关的所有人的程度。这样的话，善就会循环，从而回到自己身上。这是这个世间的真理。

然而，请不要误解。提高心性固然重要，但并不是说“只要具备美好的心灵就万事大吉了”。因为仅仅依靠一颗美好的关爱之心，但缺乏必须赢利的严厉态度，缺乏正面面对经济萧条的气魄，要让企业持续成长发展是不可能的。即使在严酷的经济萧条中，企业“无论如何也要提升销售额，确保利润”，经营者必须具备这种永不言败、勇往直前的气概。

这种气概不限于一家企业的经营，在充满闭塞感的日本经济的重建问题上也是一样的。我认为，如果要打破笼罩日本的沉闷现状，让日本重回增长轨道，那么，每一位经营者都必须具备激烈的、惊人的斗争心。

为了让大家更好地理解这一点，我想介绍我过去的一篇文章。这是1991年12月发行的京瓷内部报纸的卷头语。

1991年是京瓷创立的第32年，这正是我担心京瓷要患上“大企业病”的时候。因为害怕企业失去斗志，所以我以“京瓷的员工们，拿出你们的斗争心！”为题，面对员工们说了以下一段话：

“我最近正担心一件事，就是在京瓷公司内部，奋斗精神或者说斗争心，是否已变得稀薄。朝着既定的目标，无论如何，不顾一切，勇猛前进，不达目的誓不罢休的那种奋斗精神、斗争心，我觉得在大家身上正在逐步丧失。”

但是，这种“斗争心”，在企业经营中，同才干、领导力相并列，是必不可缺的条件。要像土佐猛犬一样，一旦咬住，决不松口。这种决不放弃的执着心，强烈而深沉的斗争心，绝对是必需的。缺乏必胜的信念和燃烧般的斗魂，最后终将一事无成。

但是，斗争心属于本能心，我们不能对它放任不管。从另一面看，控制斗争心也是很有必要的。控制斗争心的是“灵魂”。要用灵魂来操控斗争心，当需要时，让斗争心出场；当不需要时，就抑制斗争心。

但如果弄不清这一点，丧失了斗争心，那就是本末颠倒。如果缺乏斗争心的员工增加，那么公司不可能发展。为了自己的公司，为了部下，奋不顾身，努力工作乃是我们的本分。

经营就是“意志”。“想做成这样，我想这么做”，经营者需要坚强的意志，把一旦决定的事情贯彻下去。因此，即使建立了年度计划、月度目标，但不能将其实现的人，就没有资格当领导人。

经营环境总是不断变化的，无论世界经济还是日本经济，汇率也好，接单情况也好，各种因素都在不断变化。但就是在这种变化之中，我们要以坚强的意志随机应变，坚决实现自己确立的目标。

进一步说，这种意志不能仅限于自己，还必须渗透到团队中去。我们必须燃起引领团队共同前进的斗志。

“已经拼命干了，但结果不理想，所以也没办法。大家下个月再努力吧！”这样的腔调，就是说已经尽力了，没办法了。如果采取这种态度，那么科也好，部也好，事业部也好，事业本部也好，都绝对强大不起来。

然而，我认为，现在的京瓷全都处于这种状况之中。

以前，我曾对员工说："好，如果你做不到，我就在后面用机关枪打你。反正后退也是死路一条，那么你就抱着必死的勇气向前冲吧！"这种气魄甚至让当事员工产生了某种恐惧感。然而，作为领导者，有时需要采取这种严厉态度，要让目标得以实现。

目标虽然树立了，却不能实现，下次又这样。如果这样的情况反复多次，这支部队就会失去战斗力。如果没有胜利的经验，不懂获胜的要领，那么这样的团队根本不行。

最近，尽管大家拼命地、认真地干了，但是我们公司的年度计划、月度目标总完不成。而且，这种状况居然被大家接受。这就是我刚才讲的，原因在于领导人缺乏斗争心，缺乏奋斗精神，缺乏坚强的意志。贯彻意志于始终，对于领导人自己而言是非常艰辛的事，对于部下而言也很艰苦。但正因为有了这样的艰辛和艰苦，所以不拿出令人生畏的斗争心，事情就不能如愿，我们就不能取得预期的成功。

但是，这种斗争心和意志力是一把双刃剑。超过限度，错误使用，就有毁灭自己、部下和团队的危险。正因如此，提升人格、提高心性就非常重要。

如果不能提出严厉的要求，不把事情逼入极限，只会说“好了，大家已经拼命干了，完不成任务也没办法”，那么这样的人虽然没有毁灭团队的危险，但是反过来讲，靠他们也无法建立强大的团队，不能实现高远的目标。

上述那样的人不会危及周围的人，或许没有必要去提高心性。但是，对于那些既有斗争心又有意志力、能工作、能带领企业发展壮大的领导者，当他们身上的负面因素冒头时，就有毁坏组织以及组织成员的危险。因此，对于这样的人，提升人格、提高心性，就显得尤为必要。

我并不是要求大家都成为圣人君子。经营企业、开展事业，需要杰出的才干和领导能力，需要激烈的斗争心和强大的意志力，需要这样的本能心。但是，我们如果仅仅只是依靠这些，那么一旦犯错，就可能给组织带来极大的危害。所以，为了用好自己的才能，驾驭好斗争心，我们就必须磨炼自己的心性。

在京瓷公司内部的报刊上，我曾给出这样的卷首语。

当然，关爱他人的美好之心必不可缺。但只靠这一条是不行的，那样企业会在市场竞争中落败，会被淘汰出局。时代发生了巨大的变化，经济环境处在激剧的变动之中。我认为，正因处在这种混沌的状况之中，我们才更需要奋勇拼搏的精神，更需要“斗争心”，这才不至于在乱局中迷失方向，不至于在环境的大变动中失败衰退。

我们要理解美好心灵在企业经营中的重要性，为了具备这样的心灵而每天努力不止，那么，即使以激烈的、勇猛的斗争心面对经营和人生中的困难局面，我们也绝不会误入歧途。我相信，美好的心灵就是指南针，能够指引我们走向正确的方向。

第九条 临事有勇

——不能有卑怯的举止

09

贯彻原理原则

为什么需要勇气？首先，因为对事物进行判断时需要。我认为，经营企业，只要依据“作为人，何谓正确”这一原理原则进行判断，就不会发生大的失误。我在实践中彻底地贯彻这一条。但是，许多经营者在需要用这条原理原则进行判断并得出结论的时候，会遭遇各种各样的障碍，因此，判断往往出现失误。

比如，在日本购买工厂用地时，当地有影响力的政治家会插手干预。有时公司内部发生丑闻，反社会组织得知后会来浑水摸鱼。

这种时候，就会出现一种情况，就是放弃“作为人，何谓正确”这一原理原则，而是以尽量追求稳妥、息事宁人的做法为判断基准。考验经营者是否具备真正的勇气，就看他在这种局面下如何判断。

经营者如果按照原理原则做出决断，就会受到威胁，等等。在这种情况下，即使灾难降临到自己身上，即使受到中伤和诽谤，仍然毫不退缩，坦然接受这一切，坚决做出对公司有利的判断。经营者只有具备真正的勇气才能做到这一点。

“这么做，会不会受到黑社会的威胁呢？会不会遭到经营者朋友们的耻笑，从而遭到排斥呢？”困惑之余，顾虑重重，经营者就无法做出正确的经营判断。本来很简单的问题，就会因此变得复杂怪异，变得难以解决。这样的事情常常发生。

所有这些，都是经营者缺乏真正的勇气所招致的问题。依据原理原则做出正确决断确实需要勇气。反过来讲，我们不能期待缺乏勇气的人会做出正确的决断。

把知识提升到信念的高度，具备“见识”

经营者没有勇气，胆小怕事，犹豫不决，临阵退却，那模样会立刻传染给高管和员工。员工看到经营者那副没出息的样子，立即会失去对他的信任。

经营者不争气的窝囊相，会在企业内如野火般迅速蔓延。如果经营者缺乏勇气，员工就会上行下效，紧要关头，以妥协退让为荣，有时还会显露出卑怯的举止。

经营者所需要的勇气，又可称为“胆力”。我曾在精通东方古典的安冈正笃的著作中，读到有关“知识”“见识”“胆识”的文章，深受感动。

所谓“知识”，是指理性上了解各种信息。但一个人不管拥有多么丰富的知识，最多也只是博学，这并没有多大意义。应该把“知识”提升到“见识”的高度。所谓“见识”，就是把“知识”提升到信念高度的东西、自己真正相信的东西。

具备“见识”，是当经营者的先决条件。比如，一般人们会认为公司的二把手只要有“知识”就行，不必强调“见识”。但是，社长是要做出决断的，这时，如果没有“见识”，即不具备“信念”，就不可能做出正确的判断。

只有具备“胆识”，才能成为真正的经营者

但是，想当真正的经营者，还必须兼备“胆识”。所谓“胆识”，是“见识”加上“胆力”，也就是“勇气”。换言之，因为在灵魂层面有坚定不移的信念，所以就没有任何畏惧。

经营者只有具备这种“胆识”，才敢于面对一切障碍，正确判断，坚决实行，把好经营之舵，在风浪中勇往直前。

说句不登大雅之堂的话，有时经营者不得不遭遇极为棘手、极为难堪的局面，以致急得“小便里带血”。正是这种时候，才能考验出经营者是否具

备真正的勇气。希望各位都具备“胆识”，即发自灵魂深处的勇气，从而能在各种情况下都做出正确的判断，把企业经营得有声有色。

要点

你在贯彻“作为人，何谓正确”这一原理原则吗?

你有没有把追求稳妥、息事宁人作为判断的基准呢?

经营者缺乏勇气，员工有没有受其影响，把妥协退让当正常?

你有没有把“知识”提升为“见识”，然后加上“勇气”，从而具备了“胆识”?

你是否以发自灵魂深处的勇气对事物做出正确的决断?

补讲

问题 1：
作为领导人，最重要的勇气是什么？

答：

在经营十二条中，第七条是“经营取决于坚强的意志”，第八条是“燃烧的斗魂”，第九条是“临事有勇”，这三条看起来内容相似。但是，我特地提出第九条是有下述理由的。

对于经营者或领导人来说，痛快承认并改正自己所犯的错误，是勇气中最重要的一点。当遭遇失败时，一般的人都会抵赖，或找理由辩解。但在部下看来，这很丢脸。领导人如实认错改错，是需要很大的勇气的，但这才是最重要的勇气。

领导人如果缺乏这种真正的勇气，就会失去部下的信任。比如，领导人犯了错误不道歉，还一副若无其事的样子，对于这种卑怯的举止，部下不但不会尊敬，反而会蔑视。哪怕领导人只有一次因为卑怯的行为而失去了部下的信任，那么，不管以后这位领导人说得多么好听，部下也不会再相信他说的话，不会再追随他。失去部下的尊敬和信任，受到部下的蔑视，就等同于丧失了作为领导人的资格。

一旦有错，就要痛快承认，诚实道歉，绝不可回避抵赖。有的领导人，当着部下的面搪塞躲避，用不成理由的理由胡搅蛮缠，自欺欺人，借以显示自己的正当性，这是卑怯的举止。部下可以非常清楚地看到，这样的领导人连经营者的末流也进不了。

在鼓起勇气处理事情之前，领导人不可有卑怯的举止，这非常重要。从这个意义出发，我在第九条中加上了“不能有卑怯的举止”这个副标题。

问题 2：
贯彻正义需要什么精神？

答：

临事有勇，是经营者或者领导人在对事情做出判断时必须做到的。但是，经过判断决定的事情，并不能保证全都会产生好的结果。不管做什么事，可以说都有作用和反作用。即使认为是好事而做出的决定，在做出决定后也一定会有反作用产生。

即使认为是好事，但考虑到可能出现的反作用，就会觉得“这个判断不好吧”，因此犹豫不决。还有，当为了防止因反作用而出现的问题，绞尽脑汁，又无计可施时，就可能得不出结论。

“必须这么做，结论就是这样的。可一旦这么做，反作用太大了。虽然很想这么做，但做了，麻烦有很多。那就改变做法吧。”这么一想，我们就会寻找妥协方案。在这个过程中，或者议而不决，或者即使决定，也是二者相加除以二，做出一个半吊子的方案。如果缺乏勇气的人这样做出决定，企业经营就不可能顺利推进。

即使是认为正确而决定的事情，领导人也会受到别人的责难，或在实行过程中遭遇未曾预料的辛苦，等等，负面的事情一定会发生。但是，如果是真正的领导者，那么，在清楚了解这些负面因素的基础上，他必须觉悟到："这是现在无论如何必须做的事。做这件事是正确的决断。如果在下这个决断后，出现阻力，产生不利情况的话，那么自己甘愿承受，并由自己来解决。"如果领导人缺乏这种觉悟，缺乏不惧艰难困苦的勇气，那就什么也决定不了。没有勇气，做一个两者相加除以二的半吊子决定，不可能带来良好的结果。

为此，"自己做的是正确的事"这种信念必不可缺。因为带着负疚的心理，勇气是出不来的。我认为，只有具备"自己是在贯彻正义"这种信念，才会产生真正的勇气。

问题 3：
怎样才能获得勇气？

答：

领导人要想获得勇气，那么朝着目标，率领团队前进的"大义"必不可缺。就是说，必须守护团队，只要具备这个大义，勇气自然就会在胸中升起。

那么，怎样才能具备大义、获得勇气呢？在为这个问题烦恼不已时，我突然意识到一件事。我想，大家在电视中可能也看到过这种情况。

早春时节，云雀在野地里筑巢，养育雏鸟。鹰或鸢等猛禽会来袭击。

这时候，为了守护雏鸟，老鸟就会奋起战斗。有的老鸟哪怕牺牲自己，也要保护雏鸟渡过难关。这大概是本能吧！体型很小的老鸟从巢中飞出，装出受伤的样子，吧嗒吧嗒地拍动着翅膀，飞离巢窝。老鸟察知到猛禽要袭击雏鸟，故意装出受伤的样子，挺身而出，用这种演技来守护雏鸟。

这种母性或父性的本能，是为了守护孩子而自然产生的。动物哪怕献出自己的生命也要守护子孙的这种习性，是作为本能具备的。我认为，这就是真正的勇气。

但是，人类并不是完全按照本能生存的。作为领导人，如果真想爱护、守护团队，那么，“为了团队，哪怕将自己豁出去也没关系”，这种程度的觉悟是必需的。“名誉、地位等统统放弃也没关系”，再进一步讲，“哪怕牺牲生命也在所不惜”。我认为，只有觉悟到了这一步，才会产生真正的勇气。

领导人是不是具备勇气，决定了他所率领的团队的强弱。不是蛮勇，而是在具备严谨小心、知恐慎恐的资质的同时，秉持大义，秉持守护团队的爱心。由此自然获得的真正的勇气，是极其珍贵的。

第十条

不断从事创造性的工作

——明天胜过今天，后天胜过明天，不断改良改善，精益求精

10

没有哪家公司一开始就具备杰出的技术能力

得过“普利策奖”的美国新闻界代表人物戴维特先生，在其所著的《下一世纪》一书中，用了一章来描写有关我的事情。在这章一开头，他就引用了我的话：“我们接下来要做的事，又是人们认为我们肯定做不成的事。”

事实上，京瓷很早就着手研发精密陶瓷这一新材料，把以前无法用作工业材料的精密陶瓷确立为工业材料，而且将它发展成数万亿日元规模的新兴产业。因此，我觉得京瓷可以被称为开拓型企业。

就是说，京瓷充分利用精密陶瓷的优良性能，开发出IC（集成电路）封装件，促进了半导体产业的蓬勃发展，同时又开发出人造骨、人造牙根等用于生物体的新产品。京瓷作为精密陶瓷领域这一新产业的开拓者，为社会做出了贡献。

京瓷为什么能够开创如此富有独创性的事业？许多日本的经营者把原因归结到京瓷的技术开发能力上。对照自己，他们感叹说：“我们公司缺乏那样的技术，无法发展也是不得已的事。”

但是，我认为并非如此。没有哪一家公司天生就有杰出的技术能力。能不能专注于创造性的工作，明天胜过今天，后天超过明天，不断改良改善，这才是能不能开展独创性经营的关键。

一切事业共通的真理

我常以清洁工作为例说明这个道理。清洁工作似乎是很简单的杂差，没有什么创造性可言，但事实并非如此。不是每天机械性地重复单调的作业，而是今天这样试试，明天那样试试，后天再换其他花样试试，不断考虑清扫方法，一点一点地提高清扫效率，365天孜孜不倦，每天一点一滴地对清扫方法进行改善，就会产生各种各样的创意。

实际上，据说在东京车站等地方打扫新干线的公司就颇为引人注目。把过去只在后台做的车内清扫，变成与客人接触的服务业，提供由员工参与的创新型清扫服务，不断提升员工的积极性，也提升了企业业绩。

同样，如果我是以清扫业务为生的企业经营者，在付出不亚于任何人的努力的同时，通过每天不断钻研创新，企业就一定会有难以想象的发展，就会立志成为日本第一、世界第一的清扫公司。

虽然一天的努力只有微小的成果，但是锲而不舍，改良改善积累一年，就可能带来巨大的变化。不仅是清洁工作，所有领域的工作都一样。这个世界上划时代的创造发明，无一不是在这样脚踏实地、一步一步努力的积累中产生的。

不论各位的企业属于何种行业，“不可每天以同样的方法重复同样的作业，要不断从事创造性的工作”。把这句话作为公司方针，明确地提出来，而且经营者要率先做出榜样。这样经过三四年，企业就必定会成为创新型企业，必定能进行卓有成效的技术开发。

用将来进行时看待能力

京瓷就是这样的公司。如今，京瓷在广泛的技术领域内推进多元化经营。但是当初，我的专业是精密陶瓷，所以京瓷是一家仅在这一狭窄领域拥有技术的公司。

就是说，独创性的产品开发和独创性的经营，并不是一开始就有的。能不能每天都认真改良改善，持续钻研琢磨，这才是问题的关键。

这时，重要的是要用“将来进行时看待能力”，不是以自己现有的能力思考将来能做什么，而是现在就决定一个似乎无法达成的高目标，并决定在将来某个时间点达成它。然后，盯住这个目标，通过不间断的顽强努力，提高自己的能力，使其在将来某个时间点上能够达成既定的高目标。

比如说，如果自己技术能力不足，那么在这个时段内，我们可以通过寻找具有掌握这种技术的人才，或从外部引进，思考使用这样的方法来提高自身能力。

如果只以自己现有能力判断今后能做什么、不能做什么，我们就根本无法开拓新事业。现在做不成的事，今后无论如何也要把它做成，只有这种强烈的使命感，才能产生创造性的事业、创造性的企业。

在这种强烈的意识支配下，日复一日、连绵不绝、不断钻研、不断创新，只有这样的道路前头，才会出现创造性的事业、独创性的企业。

要点

你是不是重视“创造性的工作”，不断进行改良改善？

你是不是天天改善，不断努力，力图展开独创性的事业？

经营者是不是亲自示范，带领员工不断进行创造性的工作？

你有没有用将来进行时来看待能力，而不是单凭现在的能力决定能干什么？

你有没有设定未来的某一点，为此每天不间断地持续付出努力？

补讲

问题 1：
应该彻底思考，是指思考到何种程度？

答：

我经常给大家强调："愿望一定能实现。"强烈的愿望成就事业，这是真理，千真万确。

不过，仅仅是强烈，愿望并不能实现。"无论如何我都要让这项事业获得成功""不管怎样我都要达成这个目标"，如果在心中抱有如此强烈的愿望，那么理所当然，我就必须竭尽全力，彻底思考为了实现这一愿望所需要的战略战术。应该采用什么方法？如何向前推进？领导人自己必须认真研究，仔细推敲。

如果真想达成这个目标，那么各种方法便会接二连三在头脑中浮现，如泉水般不断涌出。如果不是这样的，这就说明思考不足，愿望并不那么强烈。

与此同时，围绕头脑中浮现的方法，反反复复进行周密的模拟演练，这一点非常重要。特别是在开展新事业时，要在头脑中设想到与实际推进时相同的情况，并针对这种情况，准备好具体的应对方案。要反复模拟演练，想象到获得成功或达成目标时欢呼雀跃、充满喜悦的光景。要彻底思考到实际看见了事业进展的过程和结果。反过来说，如果看不见成功时的模样、达成目标时的光景，就不能启动项目。

这与围棋或日本象棋一样，要看到后面的几十着，“我下这一着，对方就会来这个着，我就这么回应”。我们要在头脑中设想到对方的出着，以及自己应对的方法。而且，我们要透彻思考，直到看见自己获胜时的景象。这种景象以黑白样态呈现还不够，必须以彩色样态非常鲜明地呈现，目标才能实现。

这话听起来似乎有些神神道道，但是，我

自己在实际开展事业时，事先就“看见”的案例很多。例如，在1984年创建第二电电时就是这样的。我向当时的对手巨型国有企业NTT发起挑战，这是一项风险极高又极其壮阔的事业。按理讲，心中会充满恐惧不安，难免踌躇犹豫，迈不开步。

但是，“要为国民降低通信费用”，我抱着这一强烈的愿望，从创建第二电电开始到实现上市，思考再思考，不断地在头脑中模拟演练，直到在头脑里建起了KDDI的原型。

所以，我当时没有一丝一毫的不安，我已经看见了第二电电的成功。这件事情，我想，很多同我一起创建第二电电的人知道。他们常会说：“现在这种局面，同稻盛会长前年预测的是一样的。”就是说，“经过这个过程，出现这个结果，所以我们要这样应对”，对于两三年后发生的事情，其路径我已经在会议上早就做出了说明。除了NTT这个领先的巨型企业外，后来又增加了日本电信和日本高速通信这两家竞争企业。根据对方的出着，我们必须如此应变。这一切似乎不可能如我事先考虑的一样，但实际上与我的设想高度一致。

例如，在开始提供市外电话服务时，收费体系的设定是这样的：在东京和大阪之间，NTT是3分钟400日元，第二电电设定为3分钟300日元，比NTT便宜25%；在热门地区名古屋和神户之间，NTT是3分钟260日元，第二电电设定为3分钟139日元，接近NTT的半额。整个区间的收费平均比NTT便宜20%。这同我之前与高管们讲的数字完全一样。

“针对NTT的价格，我们定一个什么价格，才能让客户满意？”“在确保盈利的基础上，我们究竟可以便宜多少？”上述就是我经过反复推算所“看到的”数字。

此后，各公司一齐加入了获取客户的竞争。与其他公司相比，第二电电取得了压倒性的优势，一跃而占据首位。

问题 2：
在从事创造性的工作时，最重要的是什么？

答：

为了做好新的研发工作，需要的是：“乐观构思，悲观计划，乐观实行。”这三句话看起来似乎矛盾，其实不矛盾。

首先，在想到“要做这样的东西”时，要乐观地思考。“这很难，太困难了”，我们不能这样悲观地思考。

但是，在实际建立具体研发计划时，我们要正视极其严酷的现实，必须认识清楚在研发的哪个地方会碰到困难，应该悲观地思考。

在这个基础上，“好，就这么干！”。在研发正式开始时，我们就不再思考有多难，而是要想“绝对能做成！”，以非常乐观的态度向前推进。这就是研发时应有的心态。

创业当初，我拿了自己开发的新产品去大企业推销。那里的研发人员问我：“你们能做这种规格的精密陶瓷零件吗？”

我毫不犹豫，当即回答：“应该能做。”然后，我就问：“这个东西用在哪里？”研发人员就会一脸得意地说：“现在，我想开发新型真空管，陶瓷零件就用在这个部位。新型真空管具备如此这般性能，可以用在这个或那个方面。”他会把产品的性能和用途做详细的说明。他说的话，我照单全收，然后回到公司。

接着，我召集高管，对大家阐述开发的意义：“我去了客户那里，客户委托我们做这种产品。我已经回答了‘能做’。这个产品对电子行业未来的发展意义重大。无论如何都要把它做出来。”我努力把大家的干劲鼓动起来，注视着每一个人的表情，不断动员，直到他们热情焕发，“让我们干吧！”。我会彻底地进行说明。

但是，当时我也有过这样的经验：当想要开发迄今为止从来没有做过的新产品时，我召集了名牌大学出身的头脑聪明的高管来讨论。因为这在技术上非常困难，所以他们的态度很冷淡。当我说“无论如何也要干”时，他们显得很吃惊。连大厂家的陶瓷部门的工程师都断言做不了的东西，就这么轻易地承诺、接受下来。没有任何研发设备，却说“要干”，这未免太轻率了吧。这话写在他们的脸上。

我燃起了热情，准备新的挑战，希望回到公司后大家能同我一样热情燃烧。然而，部下不仅不燃烧热情，而且大泼冷水。因为这样的情况发生过多次，所以在开始研发时，我就不再召集那些头脑冷静的人了。与其找他们，不如找一些性格不那么稳重的人。“这很有意思！”他们会附和我。“这个东西如果能做成的话，公司会有大发展呵！”我这么一说，他们马上就表示赞成：“那就干吧！干吧！”我就把这些虽然有些轻率但性格开朗的人召集起来讨论。这就是进入乐观构思的阶段。

但是，在制订具体的实验计划，进入试制阶段时，性格开朗但头脑轻率的人就不能胜任了。于是，我就请那些头脑冷静的人制订具体的计划："你们很清楚干这件事的困难在哪里，所以我想请你们出场。"

受到肯定，他们会很高兴，于是指出"这里是难点"。因为他们知道这个计划有多难，知道这个计划有多少漏洞，所以，他们就会把应该注意的地方统统写出来，这些都会成为项目的指引。然后，在实行阶段，员工就能抓住要点，乐观推进。

在实行阶段，如果抱有悲观态度的话，员工就无法克服接踵而来的各种各样的困难。在必定成功的信念之下，以乐观的态度向前推进是很重要的。

一直以来，我就以这种方法，不断克服研发

工作中的难关。在从事创造性的工作时，乐观构思，悲观计划，乐观实行，这是很有必要的。

问题 3：
为了生存下去所需要的“四个创造”是什么？

答：

京都有很多实现巨大发展的出色企业。那么，为什么优秀企业会在京都扎堆群生呢？我认为，这些企业有共同的特点。

例如，罗姆是一家制造半导体的卓越企业。罗姆的创业者在立命馆大学学习的时候，就发明了低成本批量生产碳素皮膜电阻的技术，并获得了专利。大学毕业后，他没有去别处就业，而是用这种技术自主创业，创办了罗姆公司。

在第二次世界大战前，村田制作所的创业者只生产日本传统瓷器“清水烧”的茶碗之类的产品。但在第二次世界大战期间，日本军部得知欧美的电子设备产业很发达，在其制造的电子器械中，运用了精密陶瓷的电容器。于是，日本军部指示各所大学，要求制造出同样的东西。京都大学的一位教授弄懂了原理，知道了只要将氧化钛烧结成型就可以制作这种电容器。于是，他就邀请村田制作所的创业者，说："做做试试怎么样？"这就是村田制作所的开始。战后迎来了电子产业的繁盛时代，村田制作所取得了飞跃式的发展。

我的情况也是一样的。有趣的是，所有这些企业的创业者都是外行。开始时，他们并不具备许多卓越的技术。大家都从外行开始，都从"单品生产"开创事业。哪怕只有一个产品，大家也拼命努力，最终获得了成功。

但是，"单品生产"是非常危险的。如果这个产品随着时代的变迁而被淘汰，公司就会破产。因此，公司就要拼命地钻研创新，比如寻求新的技术者，或者拜访大学导入新的技术，等等。

京瓷也是一样的。在创建京瓷之前，我完全没有想过真的要由我自己来创办一家风险企业。不过，在研发和营销方面，我是有自信的。所以，我毫不犹豫，拼命努力。创业时，我只有一个单品，就是卖给松下电子工业有限公司的显像管绝缘材料。而且，当时美国无线电公司（RCA）已经制造出用玻璃就能绝缘的、价格低廉的产品。如果这种产品传入日本，我们制造的东西就成了风中残烛。实际上，两三年之后，我们的产品就没人使用了。

我遍访了大阪多家中小玻璃厂家，不断询问："你们能做这种成分的玻璃吗？"但这是一种名为硼硅酸玻璃的特殊玻璃，一般的玻璃厂家做不了。"我们没有熔融过这种玻璃，做不了"，它们全都拒绝了。没办法，我们只好自己买了坩埚，请求厂家将窑炉借我们一用。但是，我没有加工玻璃的经验，我不知道，不用特殊的坩埚就无法熔化硼硅酸玻璃。结果坩埚底烧穿了，窑炉也弄坏了。

但即便如此，我们还是把硼硅酸玻璃做出来了，赶在最初的陶瓷单品被淘汰之前，完成了玻璃替代品的生产。另外，我们不仅在材料开发上不断推进，在用途开发上也不断推进。当时还是真空管时代，NHK（日本广播协会）等广播电台需要播放用的大型真空管。我曾考虑在这种真空管中使用我们的绝缘材料。

但不久以后，晶体管替代了真空管。进入晶体管时代，迄今为止构筑的市场全部崩溃，一切归零。那时候，我们使用同样的材料，制造出了作为晶体管容器的封装产品，后来就发展成了半导体封装。

另外，经高温烧结后的精密陶瓷，有耐磨损的特点。我就思考，利用这一特点，我们可以用它来代替产业机械中容易磨损的零件。因为金属的零件磨损无法耐久，我们就请厂家用上耐磨性能优越的精密陶瓷。

但实际应该用在哪里，我们并不知道。于是，我们访问厂家，对他们说："精密陶瓷有这样的物理特性，你们有没有因为金属磨损给生产带来不便的情况？"于是，我们就搞清楚了精密陶瓷在织机上的用途。在织布时，飞速运动的纱线会让金属零件很快磨损，此后，凡是纱道磨损严重的地方全部用上了精密陶瓷。

接着，我们考虑水泵中的零件同样容易磨损，应该也可以开拓相关市场。以前汽车的水箱经常漏水，所以我们时常能见到发动机"开锅"的汽车在路上抛锚。因为水箱用于将冷却水循环，为发动机降温，而循环要靠水泵。水泵则独立于发动机，依靠皮带传送的动力运转，而其转动机构中有一个名为"油封"的橡胶材质密封部件，它可以起到防止漏水的作用。可使用时间一长，油封就会磨损，导致漏水，发动机就会烧坏。

即便使用弹性良好且较为耐磨的优质橡胶，在一段时间后，发动机仍会烧坏。后来，欧美的车企首先开始使用陶瓷和碳纤维材质的油封。我闻风而动，立即前往各家车企推销京瓷的陶瓷材料。我当时对各家车企的负责人宣传道：“只要用了我们京瓷的陶瓷油封，就能完美解决水泵漏水的问题。”

大学时，我的专业是化学，我也认真学过机械工学。凭着这一点基础，我思考在各种机械设备中应用陶瓷材料的可能性，包括陶瓷车床、超精密气动滑尺、多轴钻孔机等精密设备中的陶瓷轴承，一直到研发陶瓷发动机。京瓷还制造了人造骨以及再结晶宝石等，不断拓展精密陶瓷的应用范围。

需求创造，技术创造，商品创造，市场创造。反复进行这四项创造，京瓷才有了今日的成就。

第十一条

以关怀之心，诚实处事

——买卖是双方的，生意各方都得利，皆大欢喜

11

即使付出自我牺牲也要为对方尽力

这里所说的关怀之心，又可称作“利他之心”。不只是考虑自身的利益，也要考虑对方的利益，必要时，即使自我牺牲，也要为对方尽力。我认为，在商业世界里，这种美好的心灵是最重要的。

但是，许多人认为，“关怀”“利他”这类说法，在弱肉强食的商业社会，事实上很难推行。为了说服他们，为了说明“善有善报”的因果法则在企业经营领域内同样存在，我想举出我经历过的下述实例。

在收购合并时也要最大限度地为对方着想

京瓷在美国有一家生产电子零部件的子公司，名叫AVX公司。当时还是20世纪80年代后期，AVX公司在电容器领域处于世界领先地位。为了发展成综合性的电子零部件公司，京瓷需要AVX公司加盟。基于这种判断，我向AVX公司的董事长提出了收购该公司的提议。

这位董事长爽快地答应了。收购采取了“股票交换”的方式。我们决定，把当时纽约证券交易所以每股20美元左右的价格交易的AVX公司股票高估50%，即评估为每股30美元，与在同一交易所上市的、时值每股82美元的京瓷股票进行交换。

但对方董事长立即提出，每股30美元的价格仍然偏低，要求再增加，希望以每股32美元成交。当时，在纽约证券交易所，AVX公司的股票交易价格是每股20美元，我们提出以每股30美元交易，他们却希望以每股32美元交易。京瓷美国公司的社长以及律师都表示强烈反对，但是我认为，这位董事长要对他的股东负责，提高估值乃是理所当然的，哪怕只是提高1美元。于是，我同意了他的要求。

当双方股票正要实行交割时，纽约证券交易交所道琼斯指数大幅下跌，京瓷股票也跌了10美元，变成了每股72美元。看到这种情况，对方董事长又提出要求，希望把原定的82兑32的交换条件改为72兑32。

通常的看法是，如果是因为京瓷业绩下降引起股票下滑，当然京瓷应该负责，但现在是股市全盘下跌，改变交换比率完全没有必要。京瓷一方的有关人士再次异口同声，主张驳回对方的要求。

但是，我还是再次接受了不利的变更条件。这既不是出于什么算计，也不是感情用事。收购合并是两家文化完全不同的企业合二为一，类似于企业与企业结婚，如果这样去看，我们就应该最大限度地关怀对方。我仅仅是出于这样的想法。

收购之后，京瓷股票一路上扬，AVX公司的股东获利丰厚，他们的喜悦之情感染了公司员工。一般而言，被收购公司的员工对收购方总是抱有抵触和不满的情绪，但AVX公司的员工因为京瓷接连的高姿态，一开始就能友好交流，而且很自然地接受了京瓷的经营哲学。

有这么一段经历，AVX公司在被收购后仍然继续成长，不到五年，在纽约证券交易所再次上市。在该公司再上市过程中，京瓷通过出售股票获得了丰厚的回报。

划分成功和失败的心灵差异

在我们同一时期，许多日本公司收购了美国公司，但后来由于巨额亏损不得不纷纷撤退或出售，日本企业在美国收购成功的案例几乎没怎么听说过。

根据各种新闻报道，我们可以看出，日本企业与外国资本在合作时，因为双方的主张不合，很难达成谅解，最后谈判破裂的案件很多。

我认为，它们的失败和AVX公司的成功，两者的差异源于“心灵的差异”，即“是只考虑自己的利害得失，还是要真正地为对方着想”。

尊重对方，为对方着想，也就是“利他”的行为，乍看似乎会给自己带来损害，但从长远来看，一定会给自己和别人都带来很好的结果。

要点

“在弱肉强食的商业社会里，利他之心是行不通的。”你抱有这种观点吗？

不只是考虑自己的利害得失，也要“同情关爱对方”，你能做到吗？

同情关爱对方的行为，会给自己带来良好的结果，你相信吗？

补讲

问题 1：
怎样才能拥有关爱之心？

答：

人具有两面性，就是“利己的自己”和“利他的自己”。

所谓“利己”，是神灵所赐，目的是让活着的人更好地守护自己，也可称为本能。肚子饿了就想吃饭，想比别人吃得更多、更好，被人小看就会生气，等等，都是根植于本能的利己的东西。

斗争心也是为了保护自己而必不可缺的本能。在文明开化之前，抵抗野生动物等的袭击，与之正面对峙，守护自己的一族。此外，妒忌与憎恨也是为了有利于自己。

另一方面，所谓“利他”，就是爱。即使自

我牺牲也要爱对方，对他人有利。利他就是关爱之心。所谓关爱之心，就是从他人的喜悦中感受到自己的喜悦。

同时，这个利他之心也是人所具备的本性。无论是多么利己主义的极恶非道之人，他身上仍然隐藏着关爱对方的利他之心。在一个人身上，利己和利他所占的比例，决定了这个人的人格。利他占比高的人被称为“人格高尚的人”，利己占上风的人被称为“厚颜无耻的人”。

原本，所谓经营，就是“不管怎样我都要这么做”“无论如何我决不认输”，就是这么一种强烈的愿望，也是一种从利己发出的东西。特别是雇用了许多员工的经营者，必须让员工有饭吃。为此，经营者必须具备不亚于格斗士的激烈的斗魂，否则，经营就无法推进。

但是，光是利己之心强烈，即使一时获得成功，最终也必将失败。正因如此，利他之心很重要，不能让利己之心一味膨胀。在利己之心膨胀的同时，利他之心必须扩展。这时候，比起让“利己”与“利他”成比例地膨胀扩展，应该尽可能让“利他”的比例更高一点。

而且，为了让利他之心觉醒，必须加强学习。因为利己是本能，即使不学习，它也会时时冒出来。沉潜于内心深处的利他之心，如果不是有意识地让它抬头，它就不会出来。因此，学习非常重要。这就是“提高人格”，我称之为“提升人性”。

必须有意识地让利他之心抬头，只有经常耕耘、施肥，它才能成长。

问题 2：
什么是真正为对方好的关爱之心？

答：

在发展中国家等陷于贫困的国家中，当地人真正需要的不是粮食，而是依靠自己的力量能够生活下去的职业训练和农业技术。虽然现在有痛苦，有饥饿，但他们想要的，是有人教会他们依靠自己就能生活下去的方法和手段。

这就是在真正意义上帮助他们自立。送去奶粉和小麦粉，如果令他们养成了不劳而食的习惯，他们必将越发贫困。

虽然对他们眼前的苦难给予救济是好事，但这是“小善”，小善乃大恶。就是说，小善与制造大罪相同。

如果造成一种不劳动也能吃饱饭的局面，那么，到下次没有了援助的时候，他们就只能饿死了。这种打着援助旗号的行为，可能制造了大恶。

有言道：“小善是大恶，大善似无情。”大善看起来一点也不温暖，似乎很无情。

仅仅伸出援助之手并不是善，真正的关爱不是眼前的同情心，而应该是更大的东西。听起来，这么做十分严厉，很是无情，但在根底处，这是真正为对方好的大爱之心。

问题 3：
我们追求的“利他经营”是什么？

答：

我在27岁时创建了京瓷这家公司，开始走上了经营者的道路。但从那时起，我就感觉到，人们似乎都认为“经商的人，企业经营者们，干的恐怕都是上不了台面的事情”。

为什么会这样呢？正当我烦恼不解时，我了解到了石田梅岩的教诲，然后我感觉到被拯救。在江户时代，石田梅岩在京都城里开塾，把商人的弟子们召集起来，讲解商人道，也就是经商之道。他留下了这样的话：

“真正的生意，就是要让对方获利，自己也获利。”

换言之，石田梅岩教导商人说：“真正的生

意，必须是让做生意的对方得到好处，自己也得到好处。让对方赚钱，自己也赚钱，才是真正的经商。绝不是只要自己赚钱就行。”

当时，也有一种轻视商人的社会风气，认为“商人就是追逐自己利益的人”。

哪怕到了现代，抱这种看法的人也不在少数，这是为什么？我认为，这与资本主义社会中对股份公司（株式公社）的定位有关。在资本主义社会中，股份公司是属于股东的，一般人认为，让股东价值最大化就是公司经营的目的。因此，人们就会说：“经营者就是把追求利益作为目的的。”而且，由于外界这么说，连经营者自己也有愧疚之感，虽然自己并没有干过什么坏事。我想，社会现状就是这样的。

然而，事实并非如此。经营者并不是为了增加自己的财富而残酷剥削劳动者，而是率先垂范，不辞辛劳，额头流汗，尽力经营，一心守护员工及其家人。这与资本主义社会一般所讲的经营者的定义正好相反。

哪怕只是雇用了5名或者10名员工，经营者也是在守护包括他们家人在内的许多人的生活。在今天这个度日艰难的世上，仅仅自己一个人过日子就很艰辛，而经营者还要雇用众多的员工，必须拼命经营才能保障他们的生活。这本身就是极好的“利他的行为”。或许有人会嘲讽他们不过是中小微企业，但是，这是在社会底层帮人助人的了不起的行为。

京瓷的经营目的是，“追求全体从业人员物质和精神两方面的幸福”。我在公司上市后，也考虑到了股东的存在。但是，我认为，“随着公司的不断发展，随着公司变得越来越优秀，股东价值自然就会提升”。

而且，为了把公司变得更好，在公司工作的员工必须幸福，必须生气勃勃，拼命努力。如果不是这样的话，公司就不可能变得优秀。

如果公司变得优秀，股价就会上升，股东

就会高兴。所以，企业经营并不是剥削员工，不是让他们在恶劣的劳动环境中工作，也不是只要经营者赚钱就行。毋宁说，为了让员工高兴满意，经营者拼命努力，这才叫经营。我认为，这种思维方式颠覆了迄今为止资本主义的一般社会理念。

第十二条

保持乐观向前的态度，抱着梦想和希望，以坦诚之心处世

12

不管身处何种逆境，
都要积极乐观地看待自己的人生

不管处于何种逆境，经营者都必须始终保持开朗的、积极向前的态度，这是我的信念。一旦从事经营，各种课题就会接踵而来。然而，越是遇到这种艰难的局面，经营者就越不能失去梦想和希望。

常常为面临的各种经营上的问题所纠缠，被压得喘不过气来，却能一直顶住压力，坚忍不拔，这样的经营者身上甚至可能散发出一种“悲壮感”。或者说，因为我强调了坚强的意志和燃烧的斗魂，大家或许认为经营一定会让人烦恼不断，甚至充满悲壮色彩。

这不对！正因为在紧要关头需要激烈的斗魂和

不屈服于任何困难的坚强意志，所以经营者在日常生活和工作中，必须注意保持开朗的心态，这一点也很重要。若非如此，长期经营就很难坚持。

希望大家一方面秉持“不管怎样都必须干到底”的坚强决心，另一方面怀抱“无论如何自己的未来一定光明灿烂”的信念，以乐观开朗的态度面对生活。不论现在身处何种逆境，大家都必须以积极正面的态度看待自己的人生。这乃是人生的铁则，是经营者的生存要义。

即使现在健康不佳，也要坚信必能康复，好好养生。即使资金周转困难，很伤脑筋，但坚信只要努力，总有办法解决，于是就更加努力去解决。处于逆境中心的当事人要如此洒脱，似乎很难，但即便如此，也要强迫自己这么去想，必须坚持这样的努力。

只要持续思善行善，必获善果

从长远来看，乐观向前，积极努力，锲而不

舍，必会有好报。我认为，这是因为自然界本来就这样，这个世界本来就如此。

我把上述人生态度和工作态度称为“与宇宙的意志相和谐”。一直以来，我向许许多多人不断阐述其重要性。关爱之心，谦虚之心，感激之心，坦诚之心，抱着这样美好的心灵、坚持踏实努力以及不断思善行善的人，必将时来运转，幸运一定会关照他们。我从灵魂深处坚信这一点，这已成为我不可动摇的信念。

抱善心，做善事，持之以恒，就一定会有好报，一定会有卓越的成果。我认为，这才是引导日航重建成功最大的原因。

确实，哲学和阿米巴经营发挥了很大的作用。但仅靠哲学和阿米巴经营，日航重建不可能如此快速，成果不可能如此卓著。我禁不住这么想。在哲学和阿米巴经营之上，还附加了一种超越我们想象的、用语言难以表达的“伟大之力”，靠它的帮助，日航才会有如此巨大的成功。我想这只能这么解释。

获得两种他力，促进更快发展

有关得到“伟大之力”的帮助，之前在盛和塾纽约塾长例会上，我用“一种自力和两种他力”为题，讲了如下一段话：

> 首先，所谓“自力”，就是把作为经营者的力量最大限度地发挥出来。接着，获得第一种“他力”，就是员工的协助。在这基础之上，只要努力思善行善，就能得到另外一种“他力”——世上存在的伟大之力——的帮助。

本书所讲的经营十二条，指的就是其中“自力”这个部分，阐述经营者应该怎样思考，应该如何行动。

首先，努力贯彻这十二条，同时，如果再能获得两种他力——员工的协力和伟大的天力，那么，不但各位的企业能够实现超越想象的巨大发展，而且诸位的人生也一定会硕果累累。

京瓷、第二电电飞跃发展，日航重建成功，这三家企业超越想象地快速增长，并不是因为我做了什么特别的事情。我只是把给大家讲的道理，在我自己的经营中实践了，不过如此而已。而我阐述的经营的精髓，就凝结在这个经营十二条之中。

我希望大家务必相信经营十二条的威力，深刻理解、切实实践。我衷心祈愿，大家通过贯彻经营十二条把企业经营得更加出色，让更多的员工获得物质和精神两方面的幸福。

要点

不管处于何种逆境，作为经营者，你的言行举止是否积极开朗？

“一个光明的未来必将到来！”你持有这种确信吗？

不忘感谢，保持谦虚，抱坦诚之心，不懈努力，你做到了吗？

你在发挥自力（实践经营十二条）方面尽力了吗？

把两种他力（员工的协力和伟大的天力）变成自己的力量，你做到了吗？

补讲

问题 1：
面对问题，领导人应该抱什么态度？

答：

始终保持乐观向前的心态，就是说，拥有一颗怀抱梦想和希望的心，必能塑造与其相符的未来。对于言行举止始终光明的人，一个光明的未来必将呈现。对于一个总是怀抱梦想和希望的人，满足这种梦想和希望的未来必将到来。这是自然的法则。不要烦恼不安，不必忧心忡忡。

在工作和人生中，的确会发生各种问题。为了解决问题，我们必须认真思考，这样的事情非常之多。但是，在思考该问题的瞬间，我们需要烦恼，需要伤脑筋。不过，一旦从这个问题离开，我们就要让自己的心灵保持乐观开朗的状态。

“在自己的人生中，一定会有实现梦想和希望的光辉未来。”我认为，要对自己说这样的话，必须努力保持一颗乐观开朗的心。

特别是，领导人如果心情郁闷、愁眉苦脸，就会让他的集团陷于不幸。领导人必须举止爽朗，必须让周围的气氛乐观起来。对于集团来说，领导人日常的表情和言行积极向前，是非常重要的。

我在日常生活和工作中，就倡导“六项精进”，希望领导人铭记在心。

六项精进：

付出不亚于任何人的努力。

要谦虚，不要骄傲。

要每天反省。

活着，就要感谢。

积善行，思利他。

不要有感性的烦恼。

这里面有一条“不要有感性的烦恼”，说的

是，对于再烦恼也解决不了的事情，就不要再心烦意乱、闷闷不乐。这样的烦恼没有意义。

失败也好，错误也好，反省和纠正是必要的，但只要在心中留下深刻的教训就够了。但是，如果总是烦恼不已，耿耿于怀，那就是“有百害而无一利”了。

无人没有烦心事。不仅是工作，家庭方面也好，人际关系方面也好，我们总是抱有各种各样的烦恼。但是，“覆水难收”，对于已经发生的事，不管怎么烦恼也不解决问题。烦恼是一种负向的努力，因此，让心灵痛苦的烦恼切不可有。已经发生的事情就不要再挂在心上。不要有感性的烦恼，不要让自己总是痛苦不堪。

我这么说，有人或许认为这是不负责任。但是，对于已经发生的事情，只要反省就行了。反省之后，就要转换心绪，积极乐观，思考新的事情。

问题 2：经营者成长的条件是什么？

答：

经营十二条的第十条是“不断从事创造性的工作”。无法进行创造性工作的人，有各种框框：现状的框框，现有技术的框框，一路走来的经验的框框。他们被这些框框束缚住了。

但是，能够进行独创性工作的人，一旦明白“过去做的工作中有错”，就会以坦诚之心、实事求是之心予以纠正，就会转变观念。人如果不敢否定过去，就不可能进行新的、创造性的工作。一颗坦诚之心是进步的基础。

从这个意义上说，坦诚之心是人向上提升的唯一必要因素。缺乏坦诚之心，人就无法进步。正因为坦诚，才能如实理解和接受别人的意见，不断前进。所谓坦诚之心，不是指一味顺从。像海绵一样柔软，能够吸收各方面的意见，这才是坦诚之心。

作为经营者和领导人，如果要带领团队把企业经营得有声有色，就必须不断地提升自己。从“缺乏坦诚之心就无法自我提升”这一观点出发，在第十二条的最后，我加上了“以坦诚之心处世”这句话。

坦诚之心是无价之宝。有人把坦诚的人看作傻瓜，这就大错特错了。人要向上提升，坦诚之心必不可缺。我之所以在经营十二条的最后加上这一项，也是因为心灵的状态左右着我们的人生和经营。如果不断在心中描绘正面的、明朗的、积极向前的景象，这种景象就会在人生和经营中如实呈现。这是贯穿于整个经营十二条的基本思想，是把企业经营引向成功的关键所在。

问题 3：
流淌于“经营十二条”根基处的思想是什么？

答：

流淌于“经营十二条”根基处的思想是“人的愿望必定能实现”。这一思想是从哪里来的呢？我想，是因为我受到了瑜伽达人中村天风先生的深刻影响，这一思想就是天风思想的反映。

天风先生说：“请在心中不断描绘明朗的、积极向前的思想！”其理由是，人生就是当事人在自己心中描绘的景象。就是说，在现实世界中，每个人行走的道路，就是他自己心中描绘的道路，他就行走在这一道路之上。

不仅是天风先生，许多思想家都阐述了同样的道理。

诞生于19世纪后半叶、英年早逝于20世纪之初的英国思想家詹姆斯·艾伦说：“自己就是自己人生的缔造者。”就是说，缔造自己人生的既不是偶然，也不是命运，而是你自己，是你自己的思想。进一步说，人因为在自己心中描绘的思想不同，既可以成为精神境界崇高的人物，也可以堕落为野兽般的存在。

在这一理论的基础之上，詹姆斯·艾伦在其著作《“原因”和“结果”的法则》中，对关于思想的重要性有如下论述：

人的心灵像庭园。

这庭园，既可理智地耕耘，也可放任它荒芜，

无论是耕耘还是荒芜，庭园不会空白。

如果自己的庭园里没有播种美丽的花草，

那么无数杂草的种子必将飞落，

茂盛的杂草将占满你的庭园。

出色的园艺师会翻耕庭园，除去杂草，

播种美丽的花草，不断培育。

如果我们想要一个美好的人生，

我们就要翻耕自己心灵的庭园，

将不纯的错误思想一扫而光，
然后栽上清纯的、正确的思想，
并将它培育下去。

在你的心灵的庭园中，播下思想这一种子，为了不让杂草生长而时时整修，那么，你所期待的美丽的花朵就会盛开，而且必将结出硕果。就是说，思想这个东西，不只是想想而已，它必将作为行为显现，开花结果。

如果在自己的心中抱有美好的思想，美好的结果就一定会产生，而卑劣的思想绝不可能产生美好的结果。这就是詹姆斯·艾伦的教诲。

思想这个“原因”一定会产生相应的“结果”。一般人认为，我们所在的物质世界是非常理性的，事物的发生必有其具体的原因。但是，按照詹姆斯·艾伦的教诲，只有心中抱有的“思想”才是唯一的原因。最初，只是“思想”这一抽象的概念，但不久，它就会招来在现实社会中的具体的结果。就是说，“只要有思想这个原因，就必定会产生结果”，这一真理（因果报应的法则）存在于宇宙之中。那么，要让事业实现的强烈的思想（愿望）是从哪里来的呢？

我认为，人的心是一个多重结构，在这个多重结构的中心，存在着被称为“真我”的东西。

所谓真我，洁净、美丽、纯粹，只有开悟之人才能感知它。虽然我们一般无法感知真我，但是，真我向我们的意识送来高洁的、美好的信息。这就是“思想、愿望”。有愿望强、愿望弱的说法，但愿望不是用头脑思考出来的，这种心绪是从某个地方涌现出来的。

实际上，最为强烈、最能实现的愿望，是从真我中产生的愿望。只要让愿望靠近真我，它就越发强而有力，就能实现。

我年轻时从天风先生的哲学著作中学到了这一点，并将这一思想应用于企业经营。京瓷每年都会提出年度口号，其中多数来自天风先生的哲学。在心中强化愿望，念念不忘，与大家一起经营企业。“大家共有强烈的愿望，愿望就能够实现”，我始终相信这一点，一路经营到今天。

愿望如果是渗透到潜意识的强烈而持久的东西，就必定能实现。以这一思想为基础，我才总结出经营十二条这个整体，总结出其中的每一条。

参考资料

书中有关“经营十二条”的内容，是根据稻盛和夫先生在盛和塾的讲话（2012年12月西日本地区忘年塾长例会、2013年7月世界大会）编辑而成。以问答方式整理的各条“补讲”的来源如下。

第一条

问题1　领导人研修讲话（2010年6月，日航）

问题2　同上

问题3　教科书《京瓷　经营十二条》（2005年9月，京瓷）

第二条

问题1　领导人研修讲话（2010年6月，日航）

问题2　同上

问题3　京瓷哲学讲话（1998年8月，京瓷）

第三条

问题1　领导人研修讲话（2010年6月，日航）

问题 2　塾长讲话（2010年4月，盛和塾全国理事长会议）

问题3　同上

第四条

问题1　领导人研修讲话（2010年6月，日航）

问题2　同上

问题3　教科书《京瓷　经营十二条》（2005年9月，京瓷）

第五条

问题1　教科书《京瓷　经营十二条》（2005年9月，京瓷）

问题2　塾长讲话（2014年12月，盛和塾西日本地区忘年塾长例会）

第六条

问题1　领导人研修讲话（2010年6月，日航）

问题2　教科书《京瓷　经营十二条》（2005年9月，京瓷）

问题3　领导人研修讲话（2010年6月，日航）

第七条

问题1　教科书《京瓷　经营十二条》（2005年9月，京瓷）

问题2　社内报《敬天爱人》卷头语（1985年2月，京瓷）

问题3　教科书《京瓷　经营十二条》（2005年9月，京瓷）

第八条

问题1　教科书《京瓷　经营十二条》（2005年9月，京瓷）

问题2　塾长讲话（2012年7月，盛和塾世界大会）

第九条

问题1　教科书《京瓷　经营十二条》（2005年9月，京瓷）

问题2　同上

问题3　领导人研修讲话（2010年6月，日航）

第十条

问题1　塾长讲话（2015年12月，盛和塾东日本地区忘年塾长例会）

问题2　教科书《京瓷　经营十二条》（2005年9月，京瓷）

问题3　塾长讲话（1996年7月，盛和塾全国大会）

第十一条

问题1　塾长讲话（1991年10月，盛和塾北大阪·东大阪联合塾长例会）

问题2　教科书《京瓷　经营十二条》（2005年9月，京瓷）

问题3　塾长讲话（2003年8月，盛和塾全国大会）

第十二条

问题1　教科书《京瓷　经营十二条》（2005年9月，京瓷）

问题2　同上

问题3　同上

稻盛和夫经营哲学在中国

1983年，日本京都一部分青年企业家希望稻盛先生向他们传授经营知识和经营思想，自发组织了“盛友塾”，不久改名为“盛和塾”，取事业隆盛的“盛”、人德和合的“和”两个字，又恰与“稻盛和夫”名字中间两字相一致。

“盛和塾”成立后，不仅学员人数不断增加，学习质量也不断提高。其中有一百余位学员，他们的企业已先后上市。这么多的企业家，这么长的时间内，追随稻盛和夫这个人，把他作为自己经营和人生的楷模，这一现象，古今中外，十分罕见。

2001年10月28日，在天津举办的中日企业经营哲学国际研讨会上，曹岫云老师第一次见到稻盛先生，聆听了稻盛先生题为《经营为什么需要哲学》的演讲。

2007年，曹岫云老师率先发起成立无锡盛和企业经营哲学研究会，并任首任会长。2007年7月2—4日，稻盛先生率日本120余名企业经营者赴无锡，参加无锡市盛和企业经营哲学研究会开讲式。

2010年，稻盛先生亲自提议并出资成立稻盛和夫（北京）管理顾问有限公司，以“传播稻盛经营哲学，促进企业健康发展”为使命，通过建立稻盛和夫经营研究中心、举办经营哲学报告会、编辑出版杂志/光盘/书籍等服务传播稻盛经营哲学，并利用组织中日企业交流、学习会、稻盛经营学企业导入咨询等服务，帮助企业经营者提高心性、拓展经营；帮助企业导入稻盛经营学，打造企业高收益体质。

2010年开始，稻盛和夫（北京）管理顾问有限公司每年召开一次或两次“稻盛经营学企业践行报告会”，至今已成功举办十六届。稻盛先生亲自参加了前九届报告会，先后发表了题为《经营为什么需要哲学》《经营十二条》《阿米巴经营带来企业持续发展》《京瓷会计学》《领导人的资质》《企业统治的要诀》《干法——经营者应该怎么工作》《为什么企业一定要实现高收益》《把萧条看作再发展的飞跃台》的演讲。“稻盛经营学企业践行报告会”已成为企业家学习交流稻盛经营学的年度盛会。

作者简介

[日]稻盛和夫

- 1932年出生于鹿儿岛，1955年毕业于鹿儿岛大学工学部。
- 1959年创办京都陶瓷株式会社（现京瓷），历任社长、会长，1997年起担任名誉会长。
- 1984年创办第二电电株式会社（现KDDI），就任会长，2001年起担任最高顾问。
- 2010年就任日本航空公司会长，2013年起担任名誉会长，2015年起担任名誉顾问。
- 1984年成立稻盛财团，设立“京都奖”，每年表彰为人类社会的进步发展做出贡献之人。著有《阿米巴经营》《活法》《干法》《心》等。
- 2022年8月24日，稻盛和夫与世长辞，享年90岁。

译者简介

曹岫云

⊙ 江苏无锡人。企业经营者。现任稻盛和夫（北京）管理顾问有限公司董事长、浙江稻盛商道研究院院长。著作《稻盛和夫的成功方程式》，以中、日两种文字出版发行。另著有《稻盛和夫与中国文化》《稻盛哲学与阳明心学》等四本书。翻译稻盛和夫《心》《活法》《干法》等20多部著作。翻译自2007年以来稻盛来华讲演的所有文稿。

曹寓刚

⊙ 毕业于日本横滨国立大学，曾供职于日本咨询公司野村综合研究所。北京稻盛知识工程技术研究院发起人，北京盛和利他策划咨询有限公司总经理。长期致力于稻盛哲学和阿米巴经营的实践与传播。翻译稻盛和夫《心》《稻盛和夫阿米巴经营实践》等重要著作。希望借助稻盛哲学的力量，帮助更多的人收获幸福。

稻盛和夫（北京）管理顾问
有限公司公众号

盛和塾公众号